LE NEUF THERMIDOR

PAR LOUIS BARTHOU
DE L'ACADÉMIE FRANÇAISE

LIBRAIRIE HACHETTE

LE NEUF THERMIDOR

LE NEUF THERMIDOR

PAR LOUIS BARTHOU
DE L'ACADÉMIE FRANÇAISE

LIBRAIRIE HACHETTE

Il a été tiré de cet ouvrage :
19 exemplaires sur papier du
Japon, numérotés de 1 à 19;
3 exemplaires sur papier de
Chine, numérotés de 20 à 22;
80 exemplaires sur papier de
Hollande, numérotés de 23 à 102;
218 exemplaires sur papier de
Madagascar, numérotés de 103
à 320. L'édition originale a été
tirée sur papier Alfa.

A RAYMOND POINCARÉ

EN TÉMOIGNAGE D'ADMIRATION ET D'AMITIÉ

L. B.

Lorsqu'enfin arrivés au bord du Phlégéton,
Camille Desmoulins, d'Églantine et Danton
Payèrent pour passer le fleuve redoutable,
Le nautonier Caron, citoyen équitable,
A nos trois passagers voulut remettre en mains
L'excédent de la taxe imposée aux humains :
— Garde, lui dit Danton, la somme tout entière ;
Je paye pour Couthon, Saint-Just et Robespierre.

(Vers publiés sous le manteau, au lendemain de l'exécution de Danton).

LE NEUF THERMIDOR

CHAPITRE PREMIER

AVANT

Agé de trente-cinq ans, maître de la Convention Nationale, qui venait de l'élire président à l'unanimité, maître aussi de la Commune, du Tribunal révolutionnaire et des Jacobins, Maximilien Robespierre pouvait espérer que le 20 prairial de l'an II (8 juin 1794) serait le plus beau jour de sa carrière. Cette fête de l'Être Suprême, dont David avait sous son inspiration dessiné le plan grandiose et réglé minutieusement les détails, devait être son apothéose. Il avait voulu donner une expression publique et populaire au rapport qu'il avait lu un mois avant (18 floréal an II, 7 mai), avec un égal succès, d'abord devant la Convention, ensuite aux Jacobins, sur les Idées religieuses et morales et sur les Fêtes nationales.

A distance, décoloré par le temps et vide de ses

LE NEUF THERMIDOR

intentions, ce sermon laïque, qui veut s'élever jusqu'à Dieu, a la froideur d'une abstraction : il n'a de vivant que la haine. Non content de flétrir l'athéisme du Père Duchesne, Robespierre, tout gonflé de sa vertu incorruptible et ivre de sa toute-puissance, s'y acharnait contre Danton, « le plus dangereux des ennemis de la patrie, s'il n'en avait été le plus lâche, » et contre Condorcet, « jadis grand géomètre, dit-on, au jugement des littérateurs, et grand littérateur au dire des géomètres! » Long et diffus, sec et déclamatoire, traversé par de rares éclairs de sincère éloquence, le rapport précédait et inspirait le Décret qui imposait au Peuple français le culte de l'Être Suprême et la reconnaissance de l'Immortalité de l'âme. L'article 4 de ce décret instituait des fêtes « pour rappeler l'homme à la pensée de la Divinité et à la dignité de son être. » Trente-six abstractions étaient énumérées dans l'article 7 pour être célébrées aux jours de décadi : la Justice et l'Amitié y voisinaient avec la Frugalité et la Pudeur.

La fête du 20 prairial était destinée à l'Être Suprême seul. Accueillie avec une immense espérance, favorisée par la sérénité d'un temps splendide, fleurie de roses et admirablement ordonnée, elle fut une halte dans l'atroce marche aux supplices. Vêtu d'un habit bleu de ciel à larges revers, couvert d'un grand chapeau empanaché, serré dans une ceinture tricolore, Robespierre prit avec Collot d'Herbois et Barère une légère collation chez le juré Vilate, qui habitait le pavillon de Flore. Il pouvait contempler de la fenêtre tous les préparatifs de la cérémonie, la foule répandue dans les Tuileries, les femmes élégamment « parées des couleurs de la liberté, » la Seine où flottaient les bateaux pavoisés, les bataillons des adolescents armés de fusils, les groupes des vieillards, des mères, des jeunes filles et des enfants choisis par les sections pour aller occuper au Champ de Mars, avec les représentants du peuple, la montagne symbolique qui figurait l'autel de la Patrie. Partout des fleurs, des feuillages, des cris d'allégresse. Robespierre admirait la « puissance sublime et délicieuse » de la Nature, qu'il opposait à la tyrannie des rois. Ses yeux, libérés des lunettes vertes derrière lesquelles il dissimulait à la tribune sa pensée et son regard, ne se lassaient pas du spectacle que le génie de David et la « franche gaieté du peuple » offraient à sa fierté triomphante.

Quand, tenant à la main, comme tous ses collègues, un bouquet d'épis et de fleurs, il descendit du pavillon de l'Unité, avec la Convention Nationale, précédée d'un « corps nombreux et éclatant de musique, » pour prendre place sur l'amphithéâtre, il fut salué par une immense acclamation. Le programme lui avait réservé deux discours. Le premier devait faire sentir au peuple les motifs qui avaient déterminé cette fête solennelle et l'inviter à honorer l'auteur de la Nature. Robespierre y trouva le thème, après un réquisitoire

LE NEUF THERMIDOR

contre les rois et contre les prêtres, d'un hommage aux bienfaits de l'Être Suprême, qui a créé la justice, la liberté et la vertu. Au milieu de cette sensiblerie déclamatoire, une phrase menaçante : « Demain nous combattrons encore les vices et les tyrans » ne prit pas tout son sens : il ne se révéla que deux jours après la fête où le président de la Convention avait invité le peuple à « se livrer aux transports d'une pure allégresse. » Le second discours devait être prononcé au moment où disparaîtrait, consumé par les flammes, le « monstre désolant » de l'Athéisme, et où s'élèverait de ses débris la « Sagesse au front calme et serein. » Robespierre s'y prit mal et la statue de la Sagesse, victorieuse de l'Athéisme, au lieu d'offrir la sérénité d'un front calme, fut entièrement noircie par la flamme. Elle n'en reçut pas moins le tribut d'éloges que lui destinait un discours déjà écrit, sobre et ferme d'ailleurs, où Robespierre, encore tout fier d'avoir échappé, deux semaines avant, à la prétendue tentative d'assassinat de Cécile Renault, se rangeait parmi ces « héros de la patrie » qui lient « leur vie passagère à Dieu même et à l'immortalité. »

La seconde partie de la fête se déroula au Champ de Mars. Elle répondit par son ordre très réussi, par son éclat et, si l'on peut rapprocher ces deux mots, par sa majestueuse simplicité, aux espérances que le plan de David avait fait naître. Mais des quolibets, des injures et des menaces, venant de certains représentants eux-mêmes, se mêlèrent aux acclamations qui accompagnaient Robespierre.

Sa qualité de président devait le mettre naturel-
lement à la tête de l'Assemblée, mais, à dessein
ou par hasard, il s'en trouva séparé par une distance qui, l'isolant, paraissait rétablir pour lui
la préséance royale. Ses ennemis profitèrent de
cette apparence et des applaudissements de la
foule pour l'accuser et, peut-être, pour nouer les
premiers liens de la conspiration sous laquelle il
devait succomber. Selon son expression, « ils cherchaient des crimes à celui qu'ils voulaient perdre. »
Aucun témoignage direct ne prouve que, rentré
chez le menuisier Duplay, dont il était l'hôte, il ait
dit à ses amis : « Vous ne me verrez plus longtemps. »
Tout au contraire, si l'on en croit un passage raturé
de son discours du 8 thermidor, « à considérer
la nature de la colère » de Bourdon (de l'Oise)
et de Lecointre, « les moyens et l'action de la ligue, »
il eut plutôt l'impression de « voir les pygmées
renouveler la conspiration des Titans. » Il voyait
mal. Ni Bourdon ni Lecointre n'étaient à cette
heure des comparses négligeables, et Robespierre
lui-même, revenu de la première surprise que leurs
« grossiers sarcasmes » et leurs « déclamations
indécentes » avaient infligée à son orgueil, comprit
ce qu'il y avait de sérieux dans cette menace.
Tous ses adversaires n'étaient pas des pygmées,
et il ne devait pas tarder à découvrir la force d'une
« conspiration » dont les chefs, d'abord indépen-
dants les uns des autres, et même hostiles les uns
aux autres, allaient peu à peu se liguer pour lui
faire, au risque de leur propre vie, une guerre à mort.

II

LE NEUF THERMIDOR

Depuis quelques mois déjà, des incidents s'étaient produits au Comité de Salut public qui démontraient la résolution de quelques-uns de ses membres dè ne pas subir la volonté de Robespierre sous la forme dictatoriale qu'il était de plus en plus, soit par tempérament, soit par tactique, enclin à lui donner. Il y avait aussi des résistances au sein du Comité de Sûreté générale. Au cours d'une réunion des deux Comités, Billiaud-Varenne n'avait pas eu peur de dire qu'on ne devait pas plus souffrir le despotisme d'un Titus que la tyrannie d'un Néron. Le 1er floréal de l'an II (20 avril 1794), il avait prononcé à la tribune même de la Convention un discours où, dénonçant « tous ceux qui paralysaient la marche de la Révolution, » il n'accusait pas avec moins de netteté le péril civil que l'ambition militaire. « Tout peuple jaloux de sa liberté doit se tenir en garde contre les vertus mêmes des hommes qui occupent des postes éminents. » Sans faire de sa pensée une application immédiate, il empruntait à l'antiquité un exemple qui suffisait à en révéler aux esprits avertis toute la portée. « Le fourbe Périclès se servit des couleurs populaires pour couvrir les chaînes qu'il forgea aux Athéniens; il fit croire longtemps que jamais il ne monta à la tribune sans se dire à lui-même : *Songe que tu vas parler à des hommes libres*, et ce même Périclès, étant parvenu à s'emparer d'une autorité absolue, devint le despote le plus sanguinaire. »

Pas plus que Billaud-Varenne, Carnot n'était homme à supporter des procédés despotiques.

LE NEUF THERMIDOR

Il eut, au début de ce même mois de floréal, une scène d'une rare violence avec Saint-Just qui, après avoir attaqué Prieur (de la Côte-d'Or) injustement et sans succès, se retourna contre lui sur un ton cruellement injurieux. Carnot, ainsi pris à partie par des inculpations vagues et outrageantes, répliqua à Saint-Just qu'ils aspiraient, ses amis et lui, à la dictature et qu'ils avaient pour tactique de déconsidérer successivement tous les patriotes afin de rester seuls et de s'emparer du pouvoir suprême. Saint-Just, perdant toute mesure, menaça Carnot de dénoncer ses relations avec les ennemis des patriotes. « Apprends, dit-il, que je n'ai que quelques lignes à écrire pour faire un acte d'accusation et te faire guillotiner dans deux jours. » Carnot lui répondit avec son habituelle fermeté : « Je t'y invite; je provoque contre moi toute ta sévérité; je ne te crains pas, vous êtes des dictateurs ridicules. » Les efforts des autres membres du Comité pour apaiser une discorde si préjudiciable aux affaires publiques se heurtèrent à la rage de Saint-Just, qui sortit en les menaçant tous. Il revint le lendemain avec Robespierre et, prenant celui-ci par la main : « Tiens, dit-il en s'adressant à Carnot, tiens, les voilà, mes amis; voilà ceux que tu as attaqués hier. » Robespierre essaya d'expliquer et d'arranger les choses par les torts réciproques des deux parties, mais Saint-Just voulait avoir seul raison. Ses collègues ne le soutinrent pas et il quitta très vite le Comité avec Robespierre, toujours de mauvaise humeur.

LE NEUF THERMIDOR

Cette scène mit à nu des divisions jusqu'alors latentes et la confiance cessa de régner dans le Comité. Tout porte à croire que l'aigreur naturelle de Robespierre, qui n'avait jamais bien supporté la contradiction, méditait dès ce moment une revanche. Les quolibets dont il fut assailli quand il rentrait de la fête de l'Être Suprême lui en montrèrent la nécessité. Sa vengeance avait besoin d'un instrument : il le mit au point, en moins de quarante-huit heures, avec la collaboration juridique de Couthon. C'est la plus sombre page, et la plus sanglante, de sa terrible carrière.

A la veille de la fête du 20 prairial, Faure, représentant de la Seine-Inférieure, — un des *soixante-treize* députés girondins dont il faut faire honneur à Robespierre d'avoir empêché l'arrestation et la mort — lui avait demandé d'annoncer, « dans le moment d'un hommage aussi solennel, » une amnistie générale en faveur de tous ceux qui résidaient en France depuis le temps légal, et dont seuls les homicides et les fauteurs d'homicide seraient exclus. Robespierre, au lieu de répondre à cet appel, avait prononcé la phrase grosse de menaces : « Demain nous combattrons encore les vices et les tyrans. » Pour livrer ce combat, il jugea que les armes avec lesquelles il avait fait assassiner Vergniaud et Danton ne suffisaient pas.

LE NEUF THERMIDOR

Un décret du 5 nivôse (27 décembre 1793) avait, sur sa proposition, chargé le Comité de Salut public de faire « dans le plus court délai son rapport sur les moyens de perfectionner l'organisation du Tribunal révolutionnaire. » Aucune suite n'ayant été donnée à son initiative, il revint à la charge en avril 1794. Le Comité retarda la mesure, mais il accepta, par un arrêté du 21 floréal (10 mai), la constitution à Orange d'une commission populaire de cinq membres, dont la composition, la compétence, qui s'étendait à tous les pays environnants, et les moyens d'action avaient été fixés par Robespierre : les minutes de l'arrêté et l'instruction sont de sa main. L'instruction prévoyait la peine de mort contre les ennemis « de la Révolution, » c'est-à-dire contre « tous ceux qui, par quelques moyens que ce soit, » cherchaient à « contrarier sa marche et à empêcher l'affermissement de la République. » Le caractère des preuves n'était pas moins odieusement vague que celui de l'inculpation. Elles consistaient dans « tous les renseignements, de quelque nature qu'ils soient, qui peuvent convaincre un homme raisonnable et ami de la liberté. »

Ce précédent inspira le rapport que Couthon lut à la Convention dans la séance du 22 prairial (10 juin). Deux phrases de l'Exposé des motifs suffisent à en déterminer le but : « Ici toute lenteur affectée est coupable, toute formalité indulgente ou superflue est un danger public. *Le délai pour punir les ennemis de la patrie ne doit être que*

LE NEUF THERMIDOR

le temps de les reconnaître: il s'agit moins de les punir que de les anéantir. » La punition était la peine de mort, prononcée sans instruction et sans interrogatoire préalables; sans témoins, s'il existait des preuves soit matérielles, *soit morales*; sans avocats : « La loi donne pour défenseurs aux patriotes calomniés des jurés patriotes; *elle n'en accorde point aux conspirateurs.* » *Tout citoyen* avait le droit de *saisir* et de traduire devant les magistrats les conspirateurs et les contre-révolutionnaires. *Il était tenu de les dénoncer.* Ceux-là s'exposaient, en particulier, à être dénoncés, poursuivis et condamnés comme « ennemis du peuple, » qui « avaient cherché à avilir la Convention nationale »; qui « avaient secondé les projets des ennemis de la France... en persécutant et en calomniant le patriotisme; » qui avaient cherché à égarer l'opinion et *à empêcher l'instruction du peuple, à dépraver les mœurs* et à corrompre la conscience publique; « *à altérer l'énergie et la pureté des principes révolutionnaires et républicains ou à en arrêter le progrès,* soit par des écrits contre-révolutionnaires ou insidieux, soit *par toute autre machination.* » Jamais, en aucun temps et en aucun pays, la justice n'avait été soumise à une parodie aussi cruelle et aussi hypocritement sanguinaire. Fouquier-Tinville lui-même, mis au courant de la préparation de la loi par Dumas, le président du Tribunal révolutionnaire, aurait protesté contre la façon dont on voulait « perfectionner » celui-ci!

Quand le décret vint en discussion, Robespierre

présidait. Sitôt la lecture de Couthon achevée, Ruamps, ancien cultivateur, député de la Charente-Inférieure, et Lecointre, député de Versailles, qui avaient tous les deux donné des gages à la Révolution, demandèrent l'ajournement. Ruamps s'écria : « Si le décret était voté sans ajournement, je me brûlerais la cervelle. » Il avait l'habitude de ce genre d'interruptions. Cette fois, il avait vu et traduit le péril que courait la Convention nationale, exposée par le jeu combiné des articles 10 et 20 à voir ses membres arrêtés sans son autorisation. Barère, membre du Comité de Salut public, demanda qu'on n'ajournât pas au delà de trois jours la discussion d'une loi « toute en faveur des patriotes, et qui assure la punition prompte des conspirateurs. » C'était accepter à la fois la remise et la loi. Quel jeu jouait l'équivoque personnage? Robespierre intervint à deux reprises dans le débat. Il fit valoir tout d'abord que l'ajournement, sans qu'il le combattît d'une façon absolue, compromettrait le salut de la patrie. Il ne voulait pas d'amnistie pour les conspirateurs. A l'entendre, il n'y avait pas « un article de la loi qui ne fût fondé sur la justice et sur la raison » et aucune de ses parties « qui ne fût rédigée pour le salut des patriotes et pour la terreur de l'aristocratie conjurée contre la liberté. » Il fit valoir la nécessité de compléter les jurés, dont le nombre était insuffisant. — Qu'on complète alors le tribunal, dit Bourdon (de l'Oise), et qu'on ajourne le reste. Cette intervention d'un adversaire personnel, qui l'avait insulté le

LE NEUF THERMIDOR

jour de la fête de l'Être Suprême, irrita Robespierre, et il demanda, cette fois nettement, sur un ton de violence impérative, la discussion article par article, séance tenante, et sans discontinuer, d'une loi, « ni plus obscure ni plus compliquée que d'autres, » qui intéressait le bien public et la patrie. La Convention céda et tous les articles furent votés, les uns sans débat, les autres après une légère discussion qui n'aborda pas la question des droits de l'Assemblée à l'égard de ses membres poursuivis.

Ainsi Robespierre triomphait, mais il y eut dès le lendemain matin, au Comité de Salut public, une séance violente, qui le mit aux prises avec Billaud-Varenne. Cette scène, racontée dans leur Première réponse, en l'an III, aux imputations de Lecointre par Barère, Collot d'Herbois, Vadier et Billaud-Varenne, a été mise en doute par les panégyristes de Robespierre. Le principal, M. Ernest Hamel, accuse « l'imagination féconde » de Barère de l'avoir inventée, et il se refuse à croire qu' « homme probe et rigide au fond, Billaud eût appuyé sa justification sur des mensonges dont sa conscience avait horreur. » Mais Billaud n'avait-il pas signé le Mémoire collectif? N'avait-il pas fait allusion, dans sa réponse personnelle, à l' « explication orageuse » dont ce mémoire avait déjà dit les détails, sur lesquels il n'y avait pas à revenir? Et peut-on croire que Carnot, Robert Lindet et Prieur (de la Côte-d'Or) auraient accepté par leur silence la complicité des mensonges de Barère?

La scène, d'ailleurs, ne porta pas sur le fond même de la loi, que Barère avait admis en séance, et qui ressemblait trop à l'organisation de la Commission populaire d'Orange, contre laquelle personne n'avait protesté, mais sur l'abus de pouvoir que Couthon et Saint-Just avaient commis en ne communiquant pas le décret au Comité avant d'en saisir la Convention. Robespierre se défendit contre l'attaque de Billaud en disant que « tout jusqu'alors s'étant fait en confiance, il avait cru pouvoir agir seul avec Couthon. » Cette réponse, pour une question de cette importance, ne devait pas satisfaire le Comité. Billaud protesta avec une énergie nouvelle contre un procédé qui faisait de « la volonté d'un seul » le maître de la liberté de tous. Robespierre, se sentant seul, car personne ne le soutenait, se mit dans une fureur telle qu'il fallut fermer la fenêtre pour que ses cris ne fussent pas entendus par les passants rassemblés sur les terrasses des Tuileries. « Il y a dans la Convention, disait-il, une faction qui veut me perdre. » — « Tu veux guillotiner la Convention nationale, » répliqua Billaud. Toujours agité, Robespierre : « Vous êtes tous témoins que je ne dis pas que je veuille faire guillotiner la Convention nationale; je te connais maintenant, » ajouta-t-il en s'adressant à Billaud. — « Et moi aussi je te connais comme un contre-révolutionnaire. » Après ces deux répliques, qui ressemblaient à un double défi, le Comité et Robespierre, reprenant leur calme, convinrent qu'on se concerterait avec le Comité de Sûreté générale pour

LE NEUF THERMIDOR

réformer la loi du 22 prairial et qu' « on garderait le secret sur les divisions intestines, comme pouvant servir les ennemis de la Convention et du Gouvernement révolutionnaire. »

Quoiqu'on ne doive pas garantir tous les détails d'une scène pour laquelle il n'existe qu'une seule série de témoignages, on ne peut pas refuser d'y voir la preuve des divergences qui existaient déjà au Comité de Salut public entre Robespierre et plusieurs de ses collègues. Billaud-Varenne, en prenant la défense de la Convention, avait mis le doigt sur le point vif du décret qui transformait la procédure du Tribunal révolutionnaire. Le texte, soit qu'il eût été ainsi rédigé à dessein, soit par suite d'une maladresse de rédaction, menaçait la Convention tout entière. Aussi ne fallut-il pas moins de deux nouvelles séances pour lui donner sa véritable portée et pour rassurer l'Assemblée, qui n'eut hélas! devant les menaces de cette loi sauvage, de peur que pour elle et n'obéît, dans la discussion, qu'au seul souci de sa propre sécurité.

Dès le 23 prairial, Bourdon (de l'Oise), appuyé par Bernard, député de Saintes, reprit le débat et Merlin (de Douai) fit adopter une proposition aux termes de laquelle la Convention déclarait qu'elle n'avait pas « entendu déroger aux lois qui défendent de traduire au Tribunal révolutionnaire aucun représentant du peuple, sans qu'au préalable il ait été rendu contre lui un décret d'accusation. »

Au cours de la séance du 24 prairial, Couthon intervint, dans un discours énergique, pour expliquei que les auteurs du décret et le Comité de Salut public n'avaient jamais eu l'intention de porter atteinte à la loi d'exception qui protégeait les représentants du peuple. Il qualifiait « d'injure pour le Comité de Salut public » le considérant de la proposition de Merlin, qui avait cru nécessaire de proclamer comme « un droit inaliénable » le droit exclusif de la représentation nationale de décréter ses membres d'accusation et de les faire mettre en jugement. Il en demanda la suppression : « Le Comité a besoin d'une immense confiance pour faire le bien; s'il ne l'a plus, cette confiance entière, il ne peut plus sauver la liberté; il vous déclare alors, par mon organe, qu'il est prêt à donner sa démission. » De toutes parts on s'écria : *Non, non!* Bourdon vint se justifier. Il avait cru une explication nécessaire : il l'avait demandée. Était-ce un crime, et ne pouvait-on pas avoir jusqu'à la jalousie l'amour de la liberté sans s'exposer à une « mercuriale » et sans courir le risque d'être comparé à Pitt et à Cobourg? « J'estime Couthon, ajouta-t-il; j'estime le Comité; j'estime l'inébranlable Montagne qui a sauvé la liberté. »

Mais Bourdon ne dit pas qu'il estimait Robespierre! Robespierre, lui, le méprisait comme « le plus fougueux défenseur du système d'athéisme, » qui joignait « la perfidie à la fureur. » Il disait encore, dans les notes qu'il avait écrites sur les « chefs de la coalition, » tenus tous pour des *scélérats*... « Cet homme se promène sans cesse avec l'air d'un assassin qui médite un crime. » Aussi ne permit-il

LE NEUF THERMIDOR

pas à ses explications le profit de s'achever en excuses. L'occasion était bonne : il la saisit avec un sang-froid et une passion inexorables. Il ne voulut pas laisser à Bourdon l'honneur de défendre la Convention, la Montagne, le Comité, dont il fit, avec habileté, un si ardent éloge que la Convention tout entière se leva, au milieu des applaudissements, « en signe d'adhésion et de dévouement, » de dévouement parce que « tout représentant du peuple qui est déterminé à mourir pour la patrie est de la Montagne. » Mais y avait-il donc, « du moment que la probité, la justice et les mœurs étaient mises à l'ordre du jour, » des représentants qui en étaient indignes? « Oui, disait Robespierre. Il ne peut y avoir que deux partis dans la Convention, les bons et les méchants, les patriotes et les contre-révolutionnaires hypocrites, » et il mettait la Montagne, siégeant sur « les hauteurs du patriotisme, » en garde contre le danger de laisser une portion d'elle-même constituer et suivre des « chefs de parti, intrigants, pervers et méprisables. » Et brusquement un bref dialogue prenait les allures d'un duel.

Bourdon (de l'Oise) : « Jamais il n'est entré dans mon intention de vouloir me faire chef d'un parti.

Robespierre : Ce serait l'excès de l'opprobre que quelques-uns de nos collègues, égarés par la calomnie sur nos intentions et sur le but de nos travaux....

Bourdon : Je demande qu'on prouve ce qu'on

avance : on vient de dire assez clairement que j'étais un scélérat.

ROBESPIERRE : Je demande, au nom de la patrie, que la parole me soit conservée. Je n'ai pas nommé Bourdon. Malheur à qui se nomme lui-même ! »

Cette réplique terrible confondait Bourdon, que Robespierre achevait par deux mots d'ironie méprisante, et il ajoutait : « La Montagne est pure, elle est sublime, et les intrigants ne sont pas de la Montagne. »

« Nommez-les, » s'écria une voix. — « Je les nommerai quand il le faudra. »

Donc Robespierre attendait son heure, mais déjà il dénonçait les intrigues qui s'ourdissaient « à chaque instant du jour, à chaque instant de la nuit même » soit pour tromper par « les calomnies les plus atroces » les Montagnards de bonne foi, soit pour aigrir l'amertume des représentants rappelés de mission. Les mots d'*intrigants* et d'*hypocrites* revenaient à chaque période de ce discours habilement calculé pour flatter les uns et pour effrayer les autres dans une Assemblée qui subissait encore le verbe dominateur du maître dont elle avait peur. A ceux dont « le désespoir paraissait déterminé à tout hasarder, » et qu'il *désignait* sans les nommer, Robespierre annonçait que la vérité ne tarderait pas à être découverte. Il faisait appel à la confiance, aux encouragements, aux secours de la Convention contre les « ennemis » qui, siégeant dans son sein, favorisaient les rois

conjurés, les tyrans ligués contre la France.
« Ne permettez pas que l'on nous sépare de vous,
puisque nous ne sommes qu'une partie de vous-
mêmes, et que nous ne sommes rien sans vous.
Donnez-nous la force de porter le fardeau immense,
et presque au-dessus des efforts humains, que vous
nous avez imposé. »

La revanche de Robespierre était complète. Il
avait réussi à rendre solidaire de la loi du 22 prairial toute la Convention, dont il avait flatté
l'amour-propre et la toute-puissance. Personne
ne protesta. Merlin (de Douai) expliqua et retira
le considérant qui avait donné naissance à la discussion. Mais Tallien crut devoir intervenir pour
un fait personnel. S'entretenant le 22 prairial,
après la séance, aux Tuileries, avec deux de ses collègues, il se crut suivi par des espions, qu'il injuria
et fit conduire au corps de garde. Il y avait parmi
eux deux courriers du gouvernement. Robespierre
vit dans cette affaire l'intention d'une « esclandre
recherchée » pour avilir le Comité de Salut public.
Il flétrit avec indignation, mais sans désignation
personnelle, l'incident dans son discours. « Ceux
que cela regarde se nommeront, » avait-il dit sur le
ton de défi cinglant qui était dans sa manière.
Tallien se nomma. Mais ses explications lui attirèrent un démenti brutal de Robespierre, qui y
ajouta ces mots gros de menaces. « Tallien est un de
ceux qui parlent sans cesse et avec effroi de la
guillotine, comme d'une chose qui les regarde,
pour avilir et pour troubler la Convention natio-

nale. Citoyens, vous pouvez juger de quoi sont capables ceux qui appuient le crime par le mensonge. » Billaud-Varenne, coupant la parole à Tallien qui voulait répondre, vint à la rescousse. « L'impudence de Tallien est extrême; il ment à l'Assemblée avec une audace incroyable. Mais, citoyens, nous nous tiendrons unis; les conspirateurs périront, et la patrie sera sauvée. »

Barère, à son tour, intervint pour lire des «papiers anglais » qui prouvaient la connivence des conspirateurs du dedans avec les ennemis du dehors. Robespierre y avait « une horrible priorité. » N'était-il pas, avec Jean-Bon Saint-André, qui dirigeait les forces de la marine, l'adversaire le plus désigné aux « poignards » et aux « calomnies » de Pitt? « C'est Robespierre qu'il attaque, parce qu'il déjoue les ennemis de l'intérieur et qu'il atterre les factions anglaises. » Toujours prêt à secourir la victoire, Barère dénonça, sur un ton mélodramatique, les trahisons, les factions, les intrigues, les fausses nouvelles, les insinuations perfides et il fit appel à la confiance du peuple français dans le gouvernement révolutionnaire, qui seul pouvait le sauver.

*
* *

Ainsi, à la date du 24 prairial (12 juin), Billaud-Varenne et Barère s'étaient rangés du côté de Robespierre contre Tallien, abandonné à son propre

4

sort. Mais six semaines plus tard, Robespierre était attaqué et renversé par Tallien, Barère et Billaud-Varenne, auxquels il faut ajouter Fouché et Barras pour avoir au complet, et sans parler des comparses, l'état-major de la conspiration thermidorienne.

Au cours de ces six semaines, les deux partis, chacun sur son terrain et selon ses moyens, s'organisèrent pour la lutte suprême qui devait décider du sort de la Révolution. Les adversaires de Robespierre trouvaient leur point d'appui dans les Comités. Robespierre, qui sentait ces derniers lui échapper de plus en plus, exerçait son influence aux Jacobins. Il cessa, après la réunion du 27 prairial et pendant les quarante jours qui précédèrent le 9 thermidor, d'assister aux séances du Comité de Salut public. Il ne s'en était pas retiré sans avoir proféré des menaces ou même demandé des mesures contre certains représentants. Combien et lesquels? Les témoignages sont trop intéressés, tel celui de Billaud-Varenne, qui s'opposa aux arrestations, ou trop suspects, tel celui de Fouché, qui devait être arrêté, pour qu'il soit possible de régler ce point d'histoire. Mais on peut, sans trop craindre de commettre une erreur, fixer à cinq ou six le nombre des conventionnels dont, à ce moment, Robespierre voulait se défaire. Qui? Peut-être Barras et Fréron, mais, à coup sûr, Tallien et Fouché. Ils appartenaient tous les quatre à cette catégorie de représentants en mission, « souillés de sang et de rapine, » dont les excès avaient dégoûté l'*Incorruptible*, qui les méprisait.

Barras, secondé par Fréron, avait « pacifié » Marseille, qu'ils avaient de leur propre autorité appelée *Sans-Nom*, avec une impitoyable férocité. Son programme tenait dans cette phrase d'une lettre qu'il avait adressée au Comité de Salut public : « L'indulgence perdrait la République : il faut que tous ses ennemis disparaissent et que la terre de la liberté n'offre plus que ses apôtres. » Après la prise de Toulon, où ils avaient joué leur rôle, il s'étonnait que Fréron et lui n'eussent pas été nommés dans le rapport de Barère, qui faisait une place d'honneur à Salicetti et à Robespierre jeune. Son âme « sensible et républicaine » avait été navrée par une « réticence » dont ceux qu'il appelait ses calomniateurs ne manqueraient pas de tirer parti. L'attitude du Comité de Salut public, où il fut entendu sans être même invité à s'asseoir, et où son rapport ne provoqua aucun signe ni d'adhésion ni de contradiction, le remplit d'amertume. Accompagné de Fréron, il se rendit chez Robespierre, qui les reçut pendant qu'il s'occupait à sa toilette, mais qui, sachant faire de son silence une force presque égale à celle de sa parole, ne répondit pas un mot à leurs questions ou à leurs avances. « Je n'étais d'aucune coterie, a écrit Barras ; ma conduite, qui ne donnait aucune prise, imposait : elle me classait par cela même comme l'un des chefs de l'opposition. » Il n'en coûta pas à sa versatilité de changer d'opposition et, après avoir promis son énergie, qui était réelle, à une

LE NEUF THERMIDOR

attaque contre les Comités, de s'associer à la conjuration des Comités contre Robespierre. Avant tout, Barras était un homme d'action, et même de coup de main. Il avait engagé Robespierre à agir : celui-ci, en temporisant, se perdit. Témoin de ses hésitations, qu'il prit pour des défaillances, Barras devint son adversaire. Il n'eut aucune peine à entraîner avec lui Fréron, dont la vanité blessée ne pouvait pas oublier l'accueil dédaigneux qu'il avait reçu dans la maison du menuisier Duplay, au lieu des félicitations et des sécurités qu'il était venu y chercher. Il faut faire à la revanche des amours-propres meurtris par le dédain de Robespierre une grande part dans la journée du *Neuf Thermidor*.

Ainsi en fut-il, après Barras et Fréron, pour Tallien et Fouché. Ces deux proconsuls, qui se montrèrent, l'un à Bordeaux, l'autre à Nevers et à Lyon, des terroristes sans pitié, avaient été rappelés l'un et l'autre, sur la proposition ou à l'instigation de Robespierre, par le Comité de Salut public, à quelques semaines d'intervalle. Tallien arriva à Paris vers la fin de février et Fouché au commencement d'avril 1794. Ils avaient tous les deux de terribles comptes à rendre.

Après avoir vainement essayé de se justifier devant le Comité de Salut public, qui refusa de le recevoir, Tallien paya d'audace. Il monta plusieurs fois à la tribune de la Convention, soit pour répondre aux « calomnies atroces » qui étaient répandues contre lui par des « hommes perfides, » soit pour donner le change sur ses véritables sentiments. Sous l'influence de Thérésa Cabarrus, une femme du monde dévoyée, il avait, dans les derniers mois de sa mission à Bordeaux, apaisé sa fureur sanguinaire, mais, « tout à la gueule et au ventre, » avide de plaisirs et d'argent, voluptueux et vénal, son indulgence était un placement; pour satisfaire aux besoins luxueux de sa belle et intrigante maîtresse, il se faisait payer les grâces qu'il accordait et les passeports qu'il délivrait. Un agent enthousiaste de Robespierre, Marc-Antoine Jullien, dont les dix-neuf ans ne manquaient pas d'observation et de finesse, avait recueilli sur place des renseignements qui devaient, disait-il, avoir pour résultat d' « arracher Bordeaux à la classe des fripons qui en faisaient leur proie, et de rendre le peuple à l'amour sincère des vertus et de la République. »

Tandis qu'Ysabeau, l'un de ces fripons, continuait à mener à Bordeaux une vie de bombance, Tallien, son complice, se défendait contre les accusations qui le dénonçaient dans les deux Comités. Il attendait l'heure, qui ne vint pas, de leur soumettre un rapport sur « toutes ses opérations, » dont l'immense et « infatigable activité » les étonnerait. A défaut du rapport, il parlait. «... Il faut que la Convention nationale rende justice à ceux qui ont rempli leur devoir; il faut que les bons citoyens soient rassurés, que les intrigants soient réduits au silence, et que les hommes qui n'ont jamais varié dans leurs principes soient

LE NEUF THERMIDOR

encouragés par ceux qui savent les apprécier. »

Ce premier discours de Tallien eut pour effet de le porter, le 22 mars, à la présidence de la Convention. Mais son élection n'avait pas rapproché de Robespierre cet ancien secrétaire-greffier de la Commune de Paris qui avait organisé *administrativement* les massacres de septembre. Tallien essaya, dans un second discours, de rentrer en grâce. Il fit appel à l'union des hommes « faits pour s'estimer mutuellement » et, cette main tendue à son adversaire, il flatta les sentiments violents des « patriotes de la Montagne. » A la séance du 1ᵉʳ germinal an II (21 mars 1794), il prononça contre les modérés et les aristocrates un réquisitoire menaçant dont Robespierre empêcha, d'un mot sec, l'affichage, qui allait être voté. Décidément il y avait entre eux une irréductible incompatibilité d'humeur. Robespierre ne pouvait pas voir Tallien « sans frissonner. » Il rédigea l'arrêté du Comité de Salut public qui ordonnait, le 3 prairial, l'arrestation de « la nommée » Cabarrus. A cet acte, dont il ne pouvait pas méconnaître la portée, Tallien répondit par une nouvelle bassesse : il alla voir Robespierre, qui lui opposa un mutisme glacial. Mais rien ne pouvait décourager sa platitude. Au lendemain de la séance du 24 prairial, où Robespierre avait dénoncé son « imposture soutenue par le crime, » il n'osa pas tenter une nouvelle visite, mais il lui écrivit, « avec la franchise d'un homme de bien, » une lettre où il lui donnait des explications sur sa conduite. « Vivant seul et isolé, j'ai peu d'amis ; mais je le serai toujours de tous les vrais défenseurs des droits du peuple. » Cette formule était équivoque. Quand le jour vint d'attaquer Robespierre, Tallien put donc prétendre, sans se démentir, qu'il défendait les droits du peuple. Dans l'intervalle, il s'était fait des amis. Le mépris de Robespierre nuisit à sa clairvoyance et lui fit prendre pour un comparse négligeable l'homme dont la vanité déçue et la peur révoltée devaient, pour une large part, précipiter sa chute.

Robespierre méprisait Fouché, mais au contraire de Tallien, il ne se trompait pas sur sa force et sur le rôle que pouvaient lui ménager les circonstances. Ils s'étaient connus à Arras en 1778, l'un professeur, l'autre avocat, et ils s'étaient liés d'amitié. Quand ils se retrouvèrent quatre ans après sur les bancs de la Convention, leur amitié mourut de l'incompatibilité de leurs tempéraments et de leurs caractères. Tout les séparait. Démagogue et communiste, déchristianisateur et iconoclaste, athée et pilleur d'églises, Fouché avait, dans ses missions de la Côte-d'Or, de la Nièvre et de l'Allier, terrorisé les populations par le feu, par le fer, par la mine et par les plus immondes sacrilèges. Les fêtes anti-religieuses dont il avait fait une sorte de culte nouveau avaient servi de modèle — un modèle qu'aucune profanation ne pouvait plus dépasser — à son ami Chaumette, qui était venu le voir à Moulins. Cette alliance suffisait à le marquer aux yeux de Robespierre d'un signe indélébile. Ce fut Chaumette qui, aidé par les ennemis de Robes-

LE NEUF THERMIDOR

pierre, ou les aidant, fit envoyer Fouché à Lyon, en même temps que Collot d'Herbois, pour « ranimer à *Ville-Affranchie* le flambeau de l'esprit public qui pâlit. » Émule de Carrier, ce fou sauvage, il ranima ce flambeau par les horribles mitraillades qui, avec ses parodies et ses palinodies, ont infligé à son nom une flétrissure que rien ne réhabilitera jamais. Collot d'Herbois, histrion hystérique et tragédien sadique, ivre d'alcool et de sang, était l'exécuteur sans pitié des basses œuvres dont il rédigeait et variait le programme pour maintenir la terreur, « la salutaire terreur, » à l'ordre du jour. Un grand cri de pitié s'éleva jusqu'à la Convention, qui fit venir Collot pour s'expliquer. Collot, acteur habile et orateur violent, gagna sa cause. Il resta au Comité de Salut public, d'où il soutenait et encourageait Fouché. Celui-ci poursuivait la *révolution intégrale.* Quand Robespierre jeune passa par Lyon, il fut frappé de voir tout un système organisé pour « amener le peuple à niveler tout. Si l'on n'y prend garde, tout se démoralisera. » Mais brusquement Fouché, averti de la déroute du parti d'Hébert et de l'exécution de Chaumette, renia ses anciens amis et prit des mesures contre les « exagérés » sur lesquels il s'était appuyé jusque-là. Ce revirement, dans lequel il escomptait, sur la foi de renseignements inexacts, la chute de Robespierre, provoqua les protestations véhémentes des amis de la *Société populaire* dissoute. Collot avait été appelé devant la Convention pour justifier leurs exagérations communes. A son tour Fouché dut comparaître devant le Comité de Salut public, mais c'était, à la suite de sa dernière volte-face, pour justifier les mesures — que d'ailleurs on lui ordonnait de suspendre — contre la *Société populaire*.

Quand il arriva à Paris, il y avait huit jours que Danton avait été exécuté. Robespierre, tout-puissant, paraissait être le maître d'une Assemblée qui lui avait livré tous ses adversaires. La peur était à l'ordre du jour. Avec tout autre que Fouché, la partie était perdue. Avec un homme de sa trempe, la partie commençait. Quand le Comité de Salut public lui avait imposé la mission de verser sur *Ville-Affranchie* « tous les feux de la liberté, » il avait dit : « J'accepte avec courage; je n'ai plus les mêmes forces, mais j'ai toujours la même énergie. » Il fallait moins d'énergie — et moins de courage — pour réduire, en cinq mois, de 140 000 à 80 000 habitants la population d'une ville sans défense, que pour relever le défi de Robespierre. Fouché l'accepta sans peur. Certes, Robespierre avait des ennemis qui voulaient sa perte. Mais, séparés les uns des autres et encore opposés les uns aux autres, leurs divisions faisaient leur impuissance. Qui les réconcilierait, qui les rapprocherait, qui les unirait pour l'action décisive? Ce ne pouvait pas être la jactance bavarde d'un Barras ou la veule platitude d'un Tallien. Seul Fouché avait la finesse, le sang-froid, la lucidité, la ténacité, la souplesse et le goût du risque, du risque jusqu'à la mort, qu'il fallait pour réussir

LE NEUF THERMIDOR

dans une entreprise aussi aventureuse. « Il manquait un meneur ; le meneur était là. » (Madelin.) A cette heure, le drame du *Neuf Thermidor*, de si longtemps qu'il se préparât, et de quelque façon que les événements dussent en précipiter la fin, se présentait comme un duel entre Fouché et Robespierre. Robespierre ne s'y était pas trompé quand, aux Jacobins, quinze jours avant sa mort, il dénonçait Fouché comme le « chef de la conspiration » qu'il voulait déjouer. Mais qui eût osé, à ce moment, prédire la défaite de Robespierre? Un an après cette chute, les thermidoriens, divisés par la victoire, s'accusaient avec violence et rejetaient les uns sur les autres les responsabilités de la Terreur. Fouché, dénoncé, attaqué, menacé d'être décrété d'arrestation, s'écriait : « Toute la France n'a pas oublié que tandis que Robespierre vous traîtait en maître, que vous courbiez une tête esclave devant le succès de ses crimes, que vous rendiez le plus avilissant hommage à sa farouche et meurtrière tyrannie, je combattais presque seul. »

Presque seul : telle était, en germinal, quand il arrivait à Paris, la situation de Fouché, mais il ignorait lui-même toute l'étendue de sa solitude. Un incident le lui révéla. Appelé à fournir des comptes, il voulut se justifier tout de suite, mais son rapport fut renvoyé au Comité. Alors, comme les autres, il se rendit chez Robespierre, dont il avait failli épouser la sœur, et qui le reçut, non pas avec le mépris d'un mutisme glacé, mais avec un flot de violentes paroles et d'amers reproches sur les cruautés inutiles et odieuses qu'il avait commises à Lyon. De quel côté se retourner? Tout simplement, il alla aux Jacobins, où il était populaire, et, sous la présidence de Robespierre, il lut le rapport très habile que la Convention avait ajourné. Étonné par cette audace, payée de succès, ou encore insuffisamment renseigné, Robespierre, qui savait calculer et choisir son heure, ménagea Fouché. Mais un mois après, il commença l'attaque dans son grand rapport du 18 floréal sur les Idées religieuses et morales, qui, sous des abstractions dogmatiques et des généralités sentimentales, déguisait tant de rancunes ou de menaces personnelles. N'était-ce pas le proconsul de Nevers et de Lyon qui avait, dans des arrêtés tristement célèbres, tenté de « nationaliser l'athéisme? » N'était-il pas au premier rang de ceux qui, ayant « érigé l'immoralité, non seulement en système, mais en religion, » avaient « cherché à éteindre tous les sentiments religieux de la nature par leurs exemples, autant que par leurs préceptes? » Et personne ne devait mieux que Fouché se reconnaître dans ce trait direct, dont tous les termes, habilement pesés, avaient leur portée significative : « Qui donc t'a donné la *mission* d'annoncer au peuple que la Divinité n'existe pas, ô toi qui te passionnes pour cette aride doctrine, et qui ne te passionnes jamais pour la patrie? Quel avantage trouves-tu à persuader à l'homme qu'une force aveugle préside à ses destinées et frappe au hasard le crime et la vertu, *que son âme n'est qu'un souffle léger qui*

LE NEUF THERMIDOR

s'éteint aux portes du tombeau? » Ces derniers mots n'étaient-ils pas la condamnation publique de l'arrêté du 9 octobre par lequel Fouché, à Nevers, après avoir proclamé qu'*il n'y a d'autre culte que celui de la Morale universelle*, prescrivait que sur la porte de la sépulture commune on lirait cette seule inscription. : *la mort est un sommeil éternel?*

Fouché, dont le sang-froid se mesurait à la grandeur du péril, ne se laissa pas émouvoir. Il poursuivit ses « intrigues sournoises » qui, de conciliabule en conciliabule, eurent pour résultat de l'installer, le 18 prairial, à la présidence des Jacobins! Aucun coup ne pouvait, et dans un moment plus grave, atteindre plus directement Robespierre. Occupé à la loi du 22 prairial, qui lui suscitait des difficultés imprévues, il devait faire front à la fois au Comité de Salut public, à la Convention et aux Jacobins. Ce furent pour lui des journées terribles. Il savait, par son espionnage très fortement organisé, que, depuis deux semaines, la conjuration préparée contre lui avait ébauché ses premiers plans, mais il n'en avait pas soupçonné l'étendue. Fouché n'avait pas perdu son temps. En un mois il avait tissé les fils d'une vaste conspiration qui, du Comité aux Jacobins, en passant par la Convention, engageait à des degrés divers et sous des formes différentes des hommes de premier plan comme Carnot et Cambon, des aventuriers audacieux comme Barras et Fréron, des fripons comme Tallien et Rovère, des comparses utiles comme Lecointre et Courtois. Mais quel coup de maître et quel défi de s'être fait élire président des Jacobins et d'aller chercher Robespierre dans le club même où il exerçait, au milieu d'adhérents fanatiques, une toute-puissance jusque-là indiscutée!

Robespierre s'y rendit le 23 prairial (11 juin). Il venait de subir devant la Convention, qui avait adopté, en son absence il est vrai, le *considérant* de Merlin (de Douai), un échec dont il espérait prendre dès le lendemain sa revanche. En attendant, et pour la mieux préparer, il avait besoin d'exécuter Fouché devant le public populaire sur lequel sa parole n'avait rien perdu de son irrésistible influence. Une députation de Nevers venait se plaindre des persécutions atroces dont les patriotes, qui avaient «l'âme navrée et comprimée», étaient tous les jours les malheureuses victimes. Fouché, après avoir renié Chaumette, fit à la députation le reproche de se plaindre sans agir. « Les républicains savent mourir pour la vérité comme pour la liberté. » Et comme les délégués, envoyés ou conseillés par Robespierre, avaient annoncé leur intention de célébrer la fête de l'Être Suprême, Fouché, oubliant cyniquement son athéisme, leur répondit qu' « ils obéissaient à l'impulsion donnée à toute la nature, » et il les convia à exercer « les vertus démocratiques » en se dévouant avec courage à « la défense des patriotes et à l'anéantissement de leurs oppresseurs. » Puis, il ajouta : « Brutus rendit un hommage digne de l'Être Suprême en enfonçant un poignard dans le cœur de celui qui conspirait contre la liberté de sa patrie. »

LE NEUF THERMIDOR

Robespierre feignit tout, d'abord de ne pas comprendre. Il ne releva pas la dernière phrase, dont la menace ne lui avait pas échappé, et il exigea des explications sur le voyage de Chaumette à Nevers. C'était viser Fouché à son point faible. L'ancien proconsul, pour la seconde fois, renia Chaumette, « cet homme immoral, » cet « assassin de toute morale publique et particulière, » et il essaya de tout brouiller dans des explications insignifiantes. Ce mensonge et ces équivoques faisaient à Robespierre la partie belle. Il usa sans ménagements des avantages que la faiblesse oratoire et le cynisme désarçonné de son adversaire lui avaient livrés. L'exécution fut sans pitié et sans réplique. Après avoir rétabli l'exactitude des faits particuliers de Nevers, Robespierre s'en prit aux « conspirateurs, » aux « intrigants, » aux « hommes pervers, » « à la friponnerie et à l'improbité, » contre lesquels il mit en garde, « de la part des représentants, » les patriotes opprimés. « Ne vous endormez point dans une fausse sécurité; n'abandonnez pas la Convention et le gouvernement dont elle est le centre. La première des vertus républicaines est de veiller pour l'innocence. Patriotes purs, on vous fait une guerre à mort; sauvez-vous, sauvez avec vous les amis de la liberté. » Robespierre fut acclamé. Fouché s'effondra sous les plus violents murmures; il avait payé d'audace, mais il avait mal choisi son terrain, et surtout il avait trop présumé de ses forces, ou des appuis qu'il escomptait, en luttant par la parole contre

Robespierre. Il n'était maître, un maître sans égal, que dans l'intrigue. Il intrigua.

On ne le vit plus à la tribune des Jacobins ni à celle de la Convention; ses moyens n'y étaient pas à leur place. Pourtant, toujours habile et voulant cacher sa défaite, il ne disparut pas tout de suite des Jacobins. Le 26 prairial (14 juin), il occupa le fauteuil de la présidence au cours d'une séance qui lui montra la force dont Robespierre jouissait encore dans le club, malgré les honneurs qu'on y avait rendus à deux de ses ennemis, Javogue et Dumont, terroristes athées. Il fut décidé qu'on ne communiquerait plus avec Tallien jusqu'à ce qu'il se fût disculpé des « graves imputations » qui lui avaient été faites devant la Convention. On procéda à des « épurations » et Couthon prononça contre les « intrigants » et les « méchants » un véhément discours, où il prolongeait l'appel de Robespierre. « Je demande que les membres de la société, les citoyens des tribunes et tous les patriotes surveillent plus que jamais les scélérats qui veulent perdre la chose publique. »

Les scélérats, pour parler le langage de Couthon, avaient, en effet, besoin d'être surveillés : ils s'organisaient pour l'action, tandis que Robespierre pratiquait à l'égard du Comité de Salut public une sorte de politique d'abstention. Il n'est pas dans le drame du Neuf Thermidor, où tant de scènes restent confuses, de point plus obscur que cette retraite. Qu'il s'agisse du fait ou de son interprétation psychologique, le vaincu de Thermidor n'a pas prononcé, dans son long discours du 8, médité, préparé et écrit avec tant de soin, les paroles décisives qui pourraient éclairer l'histoire : « Depuis six semaines, a-t-il dit, *la nature et la force de la calomnie, l'impuissance de faire le bien et d'arrêter le mal*, m'a forcé à *abandonner absolument* mes fonctions de membre du Comité de Salut public, et je jure qu'en cela même je n'ai consulté que ma raison et ma patrie. » Il y a dans ce résumé une inexactitude de fait. L'abandon par Robespierre de ses fonctions au Comité ne fut pas *absolu*; il fut intermittent et même les registres du Comité, si l'on ne tenait compte que de leurs mentions matérielles, prouveraient que, du 15 prairial au 9 thermidor, il ne fut absent que sept fois. Mais ces mentions ne sont pas une preuve péremptoire de la présence réelle de Robespierre, car il pouvait, n'étant pas *légalement* démissionnaire, se faire apporter les registres et signer les arrêtés dont il tenait à prendre la responsabilité. D'autre part, absent sept fois, de la fin de prairial jusqu'au jour de sa chute, il n'aurait pas pu affirmer devant la Convention qu'il avait abandonné *absolument* ses fonctions. Cette retraite fut toute morale au sens où ce mot est employé par M. Hamel, qui n'en persiste pas moins, contrairement à la déclaration de Robespierre, à dire qu'il

« siégea sans désemparer » pendant les quarante derniers jours.

Après avoir essayé de déchiffrer à l'aide de tous les témoignages et de tous les documents cette passionnante et irritante énigme, j'en suis arrivé à conclure que Robespierre, tantôt siégeait sans signer et tantôt signait sans siéger. Était-ce un plan réfléchi, un moyen souple et habile mis au service d'une fin politique? J'en doute. Il y eut, de quelque nom qu'on l'appelle, dans cette retraite de Robespierre, plus de dépit que de calcul. Ses panégyristes lui ont prêté l'intention, à laquelle les Comités faisaient obstacle, d'*arrêter la Terreur*, mais ils n'ont apporté à l'appui de cette thèse que des phrases détournées de leur vrai sens, ou des actes isolés, dépourvus de toute signification générale. Aux pires jours des horribles boucheries de Messidor, le Tribunal révolutionnaire prononçait des acquittements; est-ce une raison pour louer son impartialité? Certes, Robespierre n'avait pas la cruauté méthodique d'un Fouché, le sadisme sanguinaire d'un Carrier, la goujaterie brutale d'un André Dumont, l'ivrognerie homicide d'un Monestier, ou la fureur dévergondée d'un Lebon. Mais, parmi les signatures qu'il donna au cours des quatre décades où il se tint plus ou moins éloigné du Comité de Salut public, il suffit, pour le rendre solidaire des excès de ce dernier, de l'arrêté du 17 messidor qui eut pour résultat d'envoyer à l'échafaud, sous le prétexte inventé d'une conspiration dans les prisons, 158 détenus, des enfants, des jeunes filles, des vieillards, des octo-génaires !

Il faut donc chercher ailleurs que dans l'intention d'une politique plus humaine, moins rigoureuse et moins sanguinaire, les raisons de l'attitude de Robespierre. Il souffrait dans sa vanité blessée, dans son orgueil outragé, dans son autorité menacée, de l'allure indépendante que les Comités avaient prise à son égard. Sa dictature lui échappait : il n'était plus le maître. Billaud-Varenne, au Comité de Salut public, lui avait déjà tenu tête et maintenant Vadier, un autre terroriste, âme féroce de méridional goguenard, avait lu, au nom du Comité de Sûreté générale, un rapport insidieux (27 prairial-15 juin) qui, sans viser directement Robespierre, avait fait rire à ses dépens la Convention nationale. C'était l'affaire grotesque de Catherine Théot, dite la *Mère de Dieu*, dont le zèle habile d'agents du Comité avait su tirer les éléments d'une conspiration où dom Gerle, ex-constituant, jouait son rôle. Robespierre avait donné à cet ancien chartreux un certificat de civisme. Il n'en fallut pas davantage pour que « la malveillance, comme il disait le 8 thermidor, sût tirer parti de la conspiration politique cachée sous le nom de *quelques dévotes imbéciles* et qu'on présentât à l'attention publique une farce mystique et un sujet inépuisable de sarcasmes indécents ou puérils. » Lu aux Jacobins, le rapport de Vadier y produisit un autre effet qu'à la Convention; au lieu d'y provoquer des rires, il y souleva des murmures d'indignation en faveur de Robespierre. Celui-ci, après une scène violente avec Billaud-Varenne, ordonna à Fouquier-Tinville de suspendre les poursuites. Certes il avait raison sur le fond de l'affaire et il fallait beaucoup d'imagination scélérate pour transformer une « farce mystique » en une conspiration contre la sûreté de l'État. Mais le coup n'en avait pas moins été porté et, en voulant le détourner, Robespierre avait fait aux suspicions qui le guettaient la part encore plus belle. Il ressentit vivement les sarcasmes auxquels le rapport de Vadier avait donné naissance et, attaqué, berné, menacé par les Comités, il se réfugia aux Jacobins, dont l'appui lui était toujours fidèle. Fouché, le 3 messidor (21 juin), y présidait encore la séance! Ce fut la dernière où il parut. A l'occasion d'un manifeste de « ce qu'on appelle le duc d'York, » Robespierre se déchaîna contre l'Angleterre, mais il ne dénonça pas avec moins d'énergie les « trames ourdies à l'intérieur, » les « pièges de l'imposture, » le « système d'immoralité, » et, d'un mot plus bref, « tous les scélérats. » Il visait Fouché et ses complices. Avec cette séance des Jacobins l'action commence. Préparée depuis un mois et demi par les événements qui avaient suivi le rapport du 18 floréal, elle va maintenant se précipiter, en cinq semaines, vers une fin que Robespierre, mauvais stratège, aurait évitée avec plus de clairvoyance et avec plus d'énergie.

CHAPITRE II

PENDANT

Ce fut Louis (du Bas-Rhin), jusque-là ami de Robespierre, qui remplaça Fouché à la présidence des Jacobins. Robespierre vint y prononcer le 13 messidor (1er juillet) un long discours, dont les réticences, les insinuations et les menaces alternaient avec des protestations indignées contre le reproche que lui faisaient les « fripons » et les agents de l'étranger d'exercer la dictature. S'élevant avec une violente énergie, qui ressemblait peu à une politique plus modérée, contre la *faction des indulgents*, il défendait le Tribunal révolutionnaire et le décret — la loi du 22 prairial — qui en avait modifié l'organisation. La lutte était ouverte entre les *patriotes* et les *aristocrates* : « Il faut, disait-il, que la Révolution se décide pour la ruine des uns ou des autres. »

Cette déclaration de guerre, développée dans l'équilibre des abstractions et des allusions où se complaisait le talent de Robespierre, visait les « conspirateurs » qui concertaient « dans des repaires obscurs leurs efforts perfides. » Elle n'aurait rien eu de nouveau, malgré son accent plus ferme, si deux passages n'avaient mis en cause, sous une forme encore voilée, les Comités eux-mêmes. Répondant aux attaques dont il était l'objet à Londres ou dans les papiers anglais, Robespierre ajoutait : « Les mêmes calomnies ont été répétées à Paris : *vous frémiriez si je vous disais dans quel lieu.* » Et plus loin, avec un art savant des transitions et des effets : « Que direz-vous si je vous apprends que ces atrocités n'ont pas semblé révoltantes à *des hommes revêtus d'un caractère sacré*; si parmi nos collègues eux-mêmes il s'en est trouvé qui les ont colportées? » L'allusion ne pouvait tromper personne. D'ailleurs Robespierre en précisait la portée par la menace de quitter tout à fait le Comité de Salut public et d'entrer en lutte avec lui. « Si l'on me forçait de renoncer à une partie des fonctions dont je suis chargé, il me resterait encore ma qualité de représentant du peuple, et je ferais une guerre à mort aux tyrans et aux conspirateurs. »

Ce discours produisit une grande sensation. La tactique de Robespierre consistait à effrayer et à exciter les Jacobins par des révélations incomplètes, jusqu'au jour où, comptant sur leur appui, il se croirait sûr de pouvoir dénoncer et dominer la grande conspiration qui s'ourdissait contre lui. Le 21 messidor (9 juillet), sous la présidence de Barère, il frappa un nouveau coup. C'étaient toujours les mêmes variations sur le même air, les

mêmes mots, les mêmes abstractions, les mêmes
soupçons, les mêmes dénonciations qu'aucun nom
ne précisait, mais, à l'occasion de quelques ivrognes
incarcérés un jour de fête sur l'ordre du Comité
de Salut public, l'ironie de Robespierre se fit
méprisante. « Il existe un comité révolutionnaire
dans la République. Vous allez croire peut-être
qu'il s'est imaginé qu'il fallait anéantir l'aristocratie. Point du tout... » La ruine nécessaire de
l'aristocratie, des fripons, des monstres, des factions, de tous les « ennemis perfides et incorri-
gibles de la liberté et de la vertu, » fournissait à
l'orateur l'occasion de définir, en termes toujours
vagues, des catégories de *suspects* dont il n'était
que temps de déjouer les complots. Il concluait que
le gouvernement républicain n'était pas « encore
bien assis » et qu'il ne réussirait pas à « assurer la
liberté sur des bases inébranlables, » tant qu'il
consentirait à laisser à « de si vils ennemis un
triomphe qui serait à la fois la honte et la perte
de l'humanité entière. »

Quels étaient donc ces ennemis, ces « lâches
conspirateurs, » ces « personnages qui, craignant
pour eux-mêmes, veulent faire partager leurs
craintes? » Robespierre continuait à ne désigner
personne. Mais déjà des listes couraient, qu'il
était de l'intérêt de ses adversaires de grossir
pour rallier par la peur plus d'adhérents à la
conspiration; tous se sentaient menacés, et de
nombreux conventionnels n'osaient plus habiter
la nuit leur domicile. Robespierre le savait; il

recevait les rapports de ses espions, mais il se bornait à dire : « On cherche à persuader à chaque membre que le Comité de Salut public l'a proscrit. » En l'espèce, le Comité, c'était le triumvirat, Robespierre, Couthon, Saint-Just. En ne nommant encore personne, Robespierre avait son plan, qu'il ne voulait découvrir qu'à son heure, mais il commettait une faute de tactique dont ses ennemis ne manquaient pas de tirer parti. Derrière l'obscurité voulue de ses accusations collectives chacun redoutait de trouver son nom. Quand, dans son discours, il parlait de ces hommes, « tantôt modérés, tantôt hors de toute mesure, déclamant toujours, » il ne pensait sans doute pas à Barère, mais Barère, qui présidait, s'était reconnu dans un portrait qui lui ressemblait et, « saoul des hommes, » il regrettait de n'avoir pas un pistolet pour rentrer dans le sein de Dieu et de la nature!

Le 23 messidor (11 juillet) Barère, rassuré ou ayant besoin de l'être, vint encore présider la séance, au cours de laquelle Dubois-Crancé, toujours accusé par Robespierre d'avoir volontairement laissé s'évader Précy, le chef des royalistes, après la prise de Lyon, fut exclu des Jacobins, et Fouché invité à y rendre ses comptes. A ce dernier Robespierre reprochait d'avoir à Lyon « établi la persécution contre les patriotes eux-mêmes, » d'être maintenant l'auteur des manœuvres qui tendaient à perdre les membres du Comité, » et il demandait que la Convention « mît sous les pieds toutes les petites intrigues. » Fouché, plus habile qu'Hébert, dont pourtant le discours avait reçu d'assez vifs applaudissements, ne se rendit pas à l'appel des Jacobins. Qu'y fût-il venu faire? Robespierre y régnait en maître au nom d'un mysticisme qui fanatisait le club. Fiévée avait assisté à la séance où le Père Duchesne avait justifié sa conduite. Il nous a laissé de Robespierre un portrait saisissant. « Il s'avança lentement. Ayant conservé, presque seul à cette époque, le costume et la coiffure en usage avant la Révolution, petit, maigre, il ressemblait assez à un tailleur de l'Ancien Régime. Il portait des lunettes, soit qu'il en eût besoin, soit qu'elles lui servissent à cacher les mouvements de sa physionomie austère et sans aucune dignité. Son débit était lent. Ses phrases étaient si longues que, chaque fois qu'il s'arrêtait, en relevant ses lunettes sur son front, on pouvait croire qu'il n'avait plus rien à dire. Mais, après avoir promené ses regards sur tous les points de la salle, il rabaissait ses lunettes sur ses yeux, puis ajoutait quelques phrases aux périodes, déjà si allongées lorsqu'il les avait suspendues.... Les oreilles me tintaient. Ce n'était plus, comme pour le Père Duchesne, des applaudissements, mais des sanglots d'attendrissement, des cris, des trépignements à faire crouler la salle.... »

Fouché savait à quoi s'en tenir. Il se plaignit devant la Convention d'être calomnié sans pouvoir opposer à ses calomniateurs le rapport qu'il avait demandé en germinal et il pria les Jacobins de suspendre leur jugement jusqu'à ce que les

LE NEUF THERMIDOR

Comités de Salut public et de Sûreté générale eussent fait ce rapport sur sa conduite politique et privée. Robespierre, qui avait cru amener le renard au piège, ne put pas dissimuler son dépit et maîtriser sa colère. Il dénonça le 26 messidor (14 juillet) dans « l'individu Fouché, » qui « ne l'intéressait nullement, » le chef de la conspiration et il interpréta son refus de répondre des crimes dont il était accusé comme « le commencement d'un système de tyrannie. » Puis, s'en prenant au physique de l'homme qu'il redoutait le plus, il s'emporta jusqu'à dire : « Craint-il les yeux et les oreilles du peuple? Craint-il que sa *triste figure* ne présente visiblement le crime; que six mille regards fixés sur lui ne découvrent dans ses yeux son âme tout entière, *et qu'en dépit de la nature qui les a cachés* on y lise ses pensées? Craint-il que son langage ne décèle l'embarras et les contradictions d'un coupable? » Il l'appela en jugement pour répondre aux reproches d'avoir opéré la dissolution des Sociétés populaires, de s'être servi de la terreur pour forcer les patriotes au silence et de préparer des poignards pour assassiner les bons citoyens. « Fouché est un imposteur vil et méprisable. Sa démarche est l'aveu de ses crimes. Jamais la vertu ne sera sacrifiée à la bassesse, ni la liberté à des hommes dont les mains sont pleines de rapines et de crimes. J'ai fait toutes ces observations afin que les conspirateurs sachent une bonne fois que jamais ils ne doivent espérer d'échapper à la surveillance du peuple. »

49

LE NEUF THERMIDOR

Ces accusations et ces menaces n'émurent pas Fouché. Son exclusion des Jacobins avait été prononcée, mais il y conservait des soutiens et des amis. La domination de Robespierre n'était pas aussi absolue qu'elle paraissait l'être. Ce fut Élie Lacoste, un futur thermidorien, que le club appela à la présidence. Aussi Fouché n'avait-il rien perdu de son extraordinaire sang-froid. Dès le lendemain de la terrible séance où il avait été si violemment exécuté, il écrivait à sa sœur, qui vivait à Nantes : « Dans peu vous apprendrez l'issue de cet événement qui, je l'espère, tournera au profit de la République. »

Depuis un mois au moins il préparait cette issue, avec Barras et Tallien, Billaud-Varenne et Carnot, et aussi avec la majorité des membres du Comité de Sûreté générale. Barras l'envoyait chez les députés de toutes opinions, pour les tenir au courant, leur faire part des intentions du triumvirat, relever leur courage, exciter leur esprit de vengeance, en un mot pour les mêler à la lutte prochaine dont il leur persuadait que leur vie était l'enjeu. « Il tripotait, intriguait, machinait en dessous de fort bon cœur et avec activité. Il fallait plus d'un discours qui présentât à chacun la question comme il pouvait la comprendre dans son intérêt. Rassemblant ainsi tous les sentiments contre Robespierre par son habile intrigue, on ne peut nier que Fouché ne fût d'une véritable ressource au milieu des éléments qui étaient là pour former un mouvement décidé contre les oppresseurs de la Convention. » (Barras, *Mémoires*).

LE NEUF THERMIDOR

Pendant que Fouché intriguait, les Comités ne restaient pas inactifs, mais ils obéissaient à la tactique que Billaud-Varenne leur avait fait adopter de ne pas se découvrir en attaquant Robespierre. Celui-ci comptait sur la force de son immense popularité, qui restait intacte. Il entretenait le zèle de ses fanatiques en parlant toujours des dangers qui le menaçaient. L'affaire de Cécile Renault, une jeune fille de vingt ans, qui, munie de deux couteaux inoffensifs, avait voulu forcer la porte des Duplay, avait pris les proportions d'une conspiration véritable. Robespierre n'avait plus à envier à Collot d'Herbois la gloire d'avoir échappé à un attentat. Il s'en targuait à toute occasion. « Les défenseurs de la patrie, avait-il dit le 13 messidor aux Jacobins, ont à combattre ordinairement les assassins et les calomniateurs; mais il est affreux d'avoir à répondre en même temps aux uns et aux autres. » Il guettait ces calomniateurs, dont il attendait une parole imprudente, une démarche menaçante et peut-être même une agression pour le chasser du gouvernement. Alors, sa popularité aidant, « accapareur ombrageux de l'opinion publique, » il pouvait se poser en victime, rallier autour de lui toutes ses forces, les Jacobins, et la Commune, dominer une fois encore la Convention et écraser ses ennemis.

LE NEUF THERMIDOR

Les Comités virent le danger d'une attaque poussée trop tôt, sans motifs suffisants ou sans preuves décisives, qui se serait retournée contre eux, et ils ne tombèrent pas dans le piège tendu à leur impatience.

Billaud-Varenne, dans sa Réponse au thermidorien Lecointre, qui demandait son accusation après le 9 thermidor, a donné à cette tactique une expression saisissante : « Soyons de bonne foi, Lecointre : crois-tu que si l'on n'eût pas attendu qu'il y eût un coup de temps à saisir, on eût pu se promettre d'attaquer le triumvirat avec avantage? Oublies-tu quelle était l'énorme popularité de Robespierre; qu'il était parvenu à se faire regarder comme l'être le plus essentiel à la République; que, par suite de cette opinion, il avait réussi à mettre au rang des ennemis de la liberté ceux qui lui montraient quelque opposition; qu'il n'y avait plus de conspirateurs, selon lui, que les hommes qu'il n'aimait pas? Les puissances étrangères et les papiers anglais l'entouraient, disait-il, d'assassins; et c'était aiguiser leurs poignards que d'oser parler contre son opinion. Il fallait donc qu'il devînt lui-même agresseur pour faire connaître que c'était lui seul qui voulait assassiner la liberté. L'attaquer avant, c'était se dévouer sans aucun fruit et consolider sa puissance : attendre qu'il détruisît une partie de sa force d'opinion publique, en levant le masque, et s'élancer sur lui au même instant pour le combattre et pour le terrasser, c'était la conduite que traçait la politique la plus

sage, et qui seule pouvait assurer le succès. »
Le fond du Neuf Thermidor et des obscurités qui
cachent les jeux compliqués des partis aux prises
est dans ces lignes de Billaud-Varenne, dont les
historiens les plus robespierristes ont reconnu
le désintéressement personnel et l'indomptable
énergie républicaine.

Pourtant, s'ils comprenaient la nécessité d'attendre, les Comités ne pouvaient pas rester
insensibles aux menaces de plus en plus accen-
tuées que Robespierre, pour les exciter, proférait
depuis trois semaines du haut de la tribune des
Jacobins. Il fallait répondre sans se découvrir
et en dire assez sans en trop dire. La difficulté
convenait au talent souple de Barère, qui se laissait guider dans toutes les circonstances plus par
son intérêt immédiat que par des convictions
solides. Le 2 thermidor (20 juillet), il lut un rapport
où, après l'habituelle *carmagnole* consacrée aux
victoires, il dénonçait les factions contre-révolutionnaires, « revêtues du patriotisme, comme d'un
masque commun. » Il donnait à la Convention
l'assurance que les deux Comités n'oublieraient
jamais « l'ensemble et l'énergie » des fonctions qui
leur avaient été confiées. « Ce double rocher
repoussera toutes les vagues du royalisme et domi-
nera toutes les tempêtes suscitées par l'aristocratie qui ne se corrige qu'au jour des jugements,
et par l'*ambition dominatrice, qui ne se corrige qu'à
l'échafaud...* Il faut que les fonctionnaires publics
soient les instruments du peuple, et non *ses*

LE NEUF THERMIDOR

dominateurs; il faut que les citoyens qui sont revêtus d'une autorité terrible, mais nécessaire, n'aillent pas influencer par des discours préparés les sections du peuple ou les *sociétés populaires*; il faut que le peuple les surveille dans leurs fonctions, *dans leurs discours* et dans leur domicile. »

Ce rapport avait été rédigé, comme le diront plus tard les conjurés, « avec tout le zèle compatible à cette époque avec la prudence que doivent avoir les membres du gouvernement, » mais il suffisait pour faire comprendre à Robespierre que sa campagne des Jacobins ne laissait ni indifférents ni désarmés ceux qu'elle menaçait. Aucune autre « ambition dominatrice » ne pouvait être comparée aux desseins qu'on lui prêtait. Il était directement visé. Seul avec Couthon, tandis que Saint-Just, assidu au Comité de Salut public, en surveillait et en gênait les agissements, il haranguait les Sociétés populaires. Et de quel autre pouvait parler Barère en dénonçant les discours *préparés?* Tout le monde savait que Robespierre « préparait » un grand discours pour entraîner la Convention à se prononcer en sa faveur. Barère avait-il voulu, fidèle au plan de Billaud-Varenne, l'entraîner à devancer l'heure qu'il s'était fixée à lui-même pour l'action et le forcer à se découvrir? Peut-être. Mais l'Artésien, lent d'esprit, méthodique et obstiné, ne se laissa pas prendre à la ruse du Méridional subtil. Il se mit à remâcher le long discours dont il attendait la fin de la crise qui se développait avec des vicissitudes diverses depuis deux mois. Averti par les applaudissements qui avaient accueilli le rapport de Barère, un homme d'action aurait agi tout de suite et risqué le danger de se démasquer pour courir la chance de surprendre ses adversaires par un coup d'audace. Ceux-ci n'avaient rien perdu de leur confiance. Le lendemain de la séance où Barère avait lu son insidieux discours, Fouché, dont l'affaire était née, disait-il, de la guerre que les « ambitieux du pouvoir » avaient déclarée à « sa vertu, qui n'avait pas fléchi, » écrivait à sa sœur : « Encore quelques jours, la vérité et la justice auront un triomphe éclatant. »

Ces « quelques jours » dépendaient de Robespierre. On ne le vit pas aux Jacobins le 3 thermidor (21 juillet), mais Couthon et son frère y accueillirent des citoyens de Tours qui se plaignaient des persécutions dont les patriotes étaient victimes. Augustin Robespierre, une âme ardente, loyale et généreuse, dont le bruit de l'arrestation « comme modéré » avait couru dans le Pas-de-Calais, fit entendre une courageuse protestation, mais Couthon dénonça une fois de plus « les conspirateurs, les traîtres, les fripons, sous quelque masque imposteur qu'ils se cachent » et il déclara que la Convention, « pure » dans son ensemble, ne se « laisserait point subjuguer par *quatre ou cinq scélérats.* » C'était fixer le chiffre des victimes, mais en ne les désignant pas, Couthon prolongeait et aggravait l'erreur de Robespierre.

Le 5 thermidor, Barère mit la Convention au courant des menaces extérieures, favorisées par les intrigues du dedans. Était-ce, comme le dit trois jours plus tard Robespierre, une tactique pour « couvrir des conspirations véritables par des conspirations feintes » et pour cacher aux esprits, troublés et incertains, la marche réelle des événements? Le génie de Fouché et l'astuce de Barère ne permettent pas d'écarter une hypothèse que tous les faits rendent plausible sans qu'aucun la contredise. Il est d'ailleurs curieux que, pour combattre Robespierre, Barère lui empruntât son langage. « Le gouvernement révolutionnaire est ce qui blesse les gouvernements étrangers, ce qui frappe les conspirateurs, ce qui déjoue les intrigues, ce qui désespère le parti des indulgents, ce qui multiplie les victoires. Le gouvernement révolutionnaire est ce qui donne de l'intensité à l'esprit public, de l'énergie aux amis de la liberté, de l'ensemble et de la vigueur aux opérations du gouvernement, de la surveillance sur les fonctionnaires publics, de la force aux peuples et des succès aux armées. » Qui s'exprime ainsi? C'est Barère, au nom du Comité de Salut public, devant la Convention. Mais supprimez les victoires, dont Robespierre n'aimait pas trop à parler, et ajoutez les mots de *fripons* et de *traîtres* qu'il ne cessait de répéter, vous aurez un discours de lui aux Jacobins.

Il n'est d'ailleurs pas impossible que le rapport de Barère eût été rédigé pour amorcer un débat décisif et pour amener la Convention à exiger de Couthon le nom des quatre ou cinq scélérats qu'il

avait menacés dans son discours de l'avant-veille.
Fouché, qui tenait tous les fils de la conspiration,
écrivait en effet ce même jour à un citoyen une
lettre stupéfiante par son cynisme et par son sang-
froid. « Frère et ami, sois tranquille; le patriotisme triomphera de la tyrannie et de toutes les
passions viles et misérables qui se liguent pour
l'enchaîner. Encore quelques jours, les fripons,
les scélérats, seront connus. L'intégrité des hommes
probes sera triomphante. *Aujourd'hui, peut-être,
nous verrons les traîtres démasqués.* »

Ainsi Fouché, plus audacieux dans une lettre
privée que Barère à la tribune, qualifiait les
triumvirs des épithètes mêmes dont ceux-ci
se servaient contre lui et ses amis. La bataille
approchait. Des deux côtés, on s'apprêtait au grand
assaut. Toujours confiant dans la force décisive
de sa parole, qui en avait fait le maître de la
Convention, Robespierre mettait la dernière main
à son discours. Il ne paraissait plus à la tribune
des Jacobins, réservant pour l'Assemblée l'effort
suprême de ses explications, de sa défense, de ses
accusations.

Pourtant il y avait eu des essais de rapprochement, dont l'histoire, incertaine et mal connue,
ne pourra sans doute jamais être écrite.

Le 4 thermidor, Saint-Just fut invité à faire
un rapport sur « les causes de la commotion sensible qu'avait éprouvée l'opinion publique dans
les derniers temps. » Il était frappé par de « sinistres
présages » et tout se déguisait devant ses yeux;

mais, honoré de la confiance que les deux Comités avaient mise en lui, il ne déclina pas la mission difficile dont ils le chargeaient. Il tint le langage âpre et hautain qui lui était coutumier, il parla de la probité et de la vertu nécessaires pour accomplir sa tâche et il ajouta : « Tout ce qui ne ressemblera pas au pur amour du peuple et de la liberté aura ma haine. » Le 5, Robespierre, mandé ou de son plein gré, vint à son tour devant les Comités réunis pour s'expliquer, d'après la déclaration de Billaud-Varenne et de ses collègues, « sur les conspirations dont il parlait sans cesse vaguement aux Jacobins, sur les motifs de son absence du Comité depuis quatre décades et sur ses liaisons intimes avec des jurés et des juges qui ne parlaient que d'épurer la Convention et de guillotiner des députés. » Que se passa-t-il au cours de cette séance? Il n'y a, pour la résumer, que deux témoignages, celui de Billaud-Varenne et celui de Saint-Just. Au dire de Billaud-Varenne, Robespierre, fortement appuyé par Saint-Just et par Couthon, se serait fait accusateur et il aurait « désigné nominativement les victimes qu'il voulait immoler. » Pourquoi Billaud n'a-t-il jamais révélé ces noms? Son silence sur un point de cette importance infirme la valeur de son témoignage, sans pourtant le détruire, puisque Saint-Just reconnaît que Robespierre ne parla « devant le Comité qu'*avec ménagement* de porter atteinte à aucun des membres » de la Convention nationale.

La séance s'ouvrit dans la tristesse d'un profond

silence. Tous les membres étaient présents. Saint-Just se leva le premier. Il répéta qu'un officier suisse, arrêté devant Maubeuge, avait fait l'aveu des espérances que les Alliés avaient mises dans un parti « qui renverserait la forme terrible du gouvernement » et appliquerait « des principes moins sévères. » Ce plan n'était-il pas en train de se réaliser? N'accablait-on pas sous des soupçons injustes de tyrannie des hommes « qui donnaient de sages conseils » et dont on dénaturait l'influence? David se rangea du côté de Saint-Just. Celui-ci ne parla pas de l'attitude de Robespierre, mais il mit en cause Billaud-Varenne, qui, la veille, avait prononcé le nom de *Pisistrate* et parlé de *dangers.* « Il appelait tel homme absent Pisistrate; aujourd'hui présent, il était son ami; il était silencieux, pâle, l'œil fixe, arrangeant ses traits altérés. Il dit à Robespierre : *nous sommes tes amis, nous avons toujours marché ensemble.* Ce déguisement fit tressaillir mon cœur. » Était-ce un déguisement? Billaud-Varenne était sincère. Terroriste et républicain, indomptable et défiant, honnête homme désintéressé, il soupçonnait Robespierre de vouloir enrayer la Terreur et instituer sa propre dictature. Deux dangers, à ses yeux, dont il voulait préserver la République. Mais il n'avait pas l'âme d'un Barère et le portrait même qu'en fait Saint-Just montre moins la perfidie d'un déguisement que les hésitations d'une conscience. On se sépara sans rien décider. Ce n'était ni la paix conclue ni la guerre ouverte. Les observations échangées, auxquelles il est impossible de savoir si Robespierre prit une part quelconque, n'avaient rien modifié à la situation des partis. La difficulté d'une réconciliation provenait moins d'une divergence sur les principes que d'un désaccord entre les personnes. Pourtant, même sur les idées, il y avait des divisions. Ainsi Saint-Just croyait à la Providence, « seul espoir de l'homme isolé qui, environné de sophismes, demande au ciel et le courage et la sagesse nécessaires pour faire triompher la vérité; » il voulait en parler dans son rapport. Mais l'athéisme de Billaud-Varenne et de Collot d'Herbois, dont la colère ne s'était pas apaisée depuis la fête de l'Être Suprême, s'y opposa. « On revint sur ces idées, on les trouva indiscrètes, et l'on rougit de la divinité! » Ce désaccord n'est pas négligeable. Les manifestations religieuses — religieuses à leur façon — dont Robespierre avait donné le signal n'étaient pas, il s'en faut, malgré l'adhésion des Jacobins, du goût de tout le monde et la réaction qu'elles provoquèrent doit être comptée parmi les causes du Neuf Thermidor.

Au lendemain de la réunion des Comités, Robespierre s'abstint de paraître à la séance des Jacobins (6 thermidor, 24 juillet). Couthon y fit allusion aux « insinuations des scélérats, » qui répandaient le bruit d'une « division funeste » dans la Convention et dans les Comités de Salut public et de Sûreté générale. Il défendit la « très grande majorité » de leurs membres, « hommes vertueux et énergiques, » il affirma son respect pour la représentation nationale, mais il répéta qu'il y avait partout, et jusqu'aux Jacobins eux-mêmes, des agents de la « faction infernale de l'étranger. » Sans proposer aucune mesure particulière, il demandait aux hommes de bien de se rallier pour décrire une ligne de démarcation entre eux et les méchants. Ceux-ci n'étaient qu'une minorité audacieuse dont il n'était pas difficile d'avoir raison. « Heureusement qu'ils y sont en bien petit nombre, très petit nombre, et que la vertu et l'énergie de la Convention nationale peuvent écraser à volonté les *cinq ou six petites figures humaines, dont les mains sont pleines des richesses de la République et dégouttantes du sang des innocents qu'ils ont immolés.* Il y a *ici* et dans la Convention quelques hommes impurs, qui cherchent à corrompre la morale publique et à élever un trône au crime sur le tombeau des mœurs et de la vertu. Que les représentants purs se détachent de ces *cinq ou six êtres turbulents.* » Couthon parlait comme Robespierre, il dénonçait les mêmes dangers, mais, suivant la même tactique, il commettait en réalité la même faute, celle de ne désigner personne et de laisser planer sur tout le monde une suspicion mortelle.

La confusion et l'incertitude régnaient partout. N'y avait-il pas dans cette séance, présidée par Élie Lacoste, un adversaire de Robespierre, des hommes comme Léonard Bourdon et Javogues, que Robespierre méprisait et qui devaient, trois jours plus tard, aider à sa chute? Pourtant ils prirent la parole et Couthon ne les démasqua pas. Il crut plus important de dénoncer le départ de la moitié des compagnies des canonniers parisiennes que Carnot, usant d'un droit strictement légal, avait envoyées aux frontières, moins pour assurer leur défense que pour enlever à Hanriot et à la Commune des hommes et des canons. Carnot savait agir.

Ce même jour, les Comités de Salut public et de Sûreté générale organisaient les quatre commissions populaires qui, sédentaires à Paris, devaient juger tous les détenus des maisons d'arrêt des départements. Cette application d'un décret du 13 ventôse aurait eu pour effet d'étendre à toute la France les dispositions de la loi du 22 prairial. Robespierre ne signa pas au registre, mais Saint-Just et Couthon mirent leurs signatures à côté de celles de Billaud-Varenne, de Collot d'Herbois, de Vadier et d'Amar, pour ne parler que des membres des deux Comités qui devaient jouer un rôle décisif dans les journées tragiques où Robespierre sombra. Ces signatures rapprochées n'étaient pas une réconciliation, ni même une trêve. Elles témoignent simplement de l'embarras où, trois jours avant la déroute du triumvirat, les deux partis se trouvaient encore. Partout de fausses apparences. « Il n'y avait qu'une accusation, aussi claire dans la mesure de ses griefs que la lumière du soleil, et dont la condition première était de préciser rigoureusement les faits et d'articuler les noms propres des coupables, qui pût détruire en un instant tant de mensonges et tant de contradictions. » (Buchez et Roux.) Il n'en fut rien : les contradictions et les mensonges continuèrent en s'aggravant.

Saint-Just, en désaccord avec la majorité de ses collègues du Comité sur les tendances du rapport dont il avait accepté la rédaction, céda la place à Barère. Celui-ci s'acquitta de sa tâche avec son habituelle aisance au cours de la séance de la Convention du 7 thermidor (25 juillet). La séance avait débuté par l'audition d'une députation des Jacobins que Couthon, toujours confiant dans ces « sentinelles de la liberté, » avait envoyée à la barre pour maintenir sur des bases solides l'ordre républicain. L'orateur de la députation exprima avec une brièveté saisissante et avec une ferme modération les idées que Robespierre et Couthon avaient développées devant le Club pendant le mois de messidor. On aurait dit que Robespierre lui-même, faisant un effort de concision, avait dicté ce discours habile où la conspiration de l'étranger, les offenses à l'Être Suprême, les calomnies et les persécutions dirigées par des traîtres contre les patriotes étaient dénoncées, au nom du « peuple vertueux, » à la vigilance de la représentation nationale. Deux passages étaient à retenir dans ce réquisitoire. L'un visait le commissaire du mouvement des armées qui « semblait s'environner de ténèbres » et couvrait ses travaux d'un secret impénétrable à ceux mêmes qui devraient y coopérer. Cette attaque contre Pyle visait indirectement Carnot, suspect à Robespierre et aux Jacobins, mais qu'ils n'osaient pas nommer. L'autre passage a-t-il besoin d'être commenté? « Représentants du peuple, c'est la justice que vous avez mise à l'ordre du jour, et non l'indulgence; vous savez que l'indulgence augmente l'audace des conspirateurs; vous savez que l'homme juste, même après des erreurs, des fautes, ne demande encore que justice.... La justice fera trembler les traîtres, les fripons, les intrigants; elle rassurera l'homme de bien. »

Ces expressions prolongeaient et accentuaient l'équivoque où se complaisait Robespierre. Mais, souple et subtil, Barère, loin de la dissiper, l'imitait. A la fin de la séance, il parlait, lui aussi, des « intrigants » et des « machinations de quelques contre-révolutionnaires cachés derrière les meilleurs citoyens. » Parmi ces citoyens, ces « meilleurs citoyens, » il citait « un représentant du peuple, qui jouit d'une réputation patriotique, méritée par cinq années de travaux et par ses principes imperturbables d'indépendance et de liberté. » Il lui faisait honneur d'avoir protesté contre le bruit d'un *trente et un mai* que des groupes avaient répandu la veille autour de la Convention et aussi d'avoir dénoncé la folle pétition de Magenthies qui, « pour jeter du ridicule sur une fête célèbre et politique, » avait demandé la peine de mort contre tout individu qui profanerait dans la conversation le *nom de Dieu*. Après cet hommage à Robespierre — l'hommage d'un Scapin doublé d'un Judas — Barère achevait sa *carmagnole* en flétrissant, au nom des Comités, la « tourbe des intrigants adroits, des conspirateurs banaux, des bas serviteurs de l'aristocratie, qui tourmentaient et anéantissaient l'esprit public. »

Quand donc cet imbroglio finirait-il? Tous se sentaient menacés et personne n'attaquait. La situation était intenable : il fallait en sortir. Mais l'issue préparée ou envisagée par chaque parti n'était pas la même. Collot d'Herbois, homme de coup de main par tempérament et aimant, par profession, les coups de théâtre, convoqua, après la séance de la Convention, un certain nombre de conjurés. On ignore sur quel plan ils se mirent d'accord. Robespierre, de son côté, se décida. Averti des intrigues qui le guettaient, il craignit d'être surpris, devancé, réduit à l'impuissance. L'heure de la temporisation avait passé. Il fallait agir. Agir, pour lui, c'était parler : il parla.

La séance du 8 thermidor (26 juillet) ne s'ouvrit pas par le discours attendu de Robespierre. C'était Barère, le héraut des victoires, qui annonça la prise de Nieuport et celle d'Anvers. Ces succès, après tant d'autres, dont la gloire devait immortaliser l'an II,

O soldats de l'an III ô guerres! épopées!

ajoutaient à l'autorité du Comité de Salut public. Robespierre n'aimait pas que l'on parlât des victoires « avec une légèreté académique. » Au fond, il en redoutait les dangers et peut-être, étranger aux affaires militaires, en jalousait-il l'éclat, qui offusquait sa propre popularité.

Ce début de séance préparait mal son discours. Pourtant, quand il monta à la tribune, il y fut accueilli par la vive attention d'une impatience longtemps excitée. Il n'y avait pas paru depuis que sa parole tranchante avait imposé à une Assemblée plus effrayée que convaincue la loi de prairial. L'horrible machine, qu'il n'avait forgée, d'après ses partisans, que pour se débarrasser de quelques terroristes assassins et de quelques fripons, avait, sans atteindre ceux-ci, coupé en six semaines 1376 têtes. Jamais la Terreur n'avait été si follement sanguinaire. Robespierre s'était donné par sa demi-retraite la ressource éventuelle d'un alibi. Mais son silence devant le Comité pouvait d'autant moins passer pour un désaveu qu'il n'avait rien dit aux Jacobins qui marquât un changement d'attitude et que ses relations étaient suivies, sinon même quotidiennes, avec Dumas, le président du Tribunal révolutionnaire, et Coffinhal, son vice-président, deux monstres de cruauté farouche et grossière. Maintenant, qu'allait-il dire? Qu'allait-il faire? Depuis deux mois il y avait entre les Comités et lui une guerre sourde. Enfin elle éclatait. Il prenait la Convention pour juge de ce duel à mort. Juge et partie, puisque les terribles listes avaient menacé tout le monde. On avait colporté vingt, trente noms : mais qui, même non inscrit, pouvait se flatter de sauver sa tête, d'échapper à une dénonciation, à une rancune, à une vengeance? L'assistance était nombreuse. Ceux-là mêmes quela peur avait, depuis deux mois, chassés de leurs domiciles étaient venus. Sauf Fouché, qui, du dehors, surveillait et guidait la manœuvre, tous les adversaires étaient présents : ceux du Comité de Salut public, Billaud-Varenne, Collot d'Herbois; ceux du Comité de Sûreté générale, Vadier, Amar, Élie Lacoste, Voulland, — pour ne citer que les principaux dans l'un et l'autre Comité — et, en dehors d'eux, prêts à la lutte, Tallien (dont Robespierre avait envoyé la maîtresse à la Force), Fréron, Bourdon (de l'Oise), Legendre, Rovère, Thuriot, Léonard Bourdon, d'autres encore, auxquels le succès rendra du courage pour abattre « le tyran. »

Accompagné de son secrétaire, Duplay à la jambe de bois, qui avait été blessé à Valmy, Robespierre s'était promené la veille aux Champs-Élysées. Il avait achevé son discours. Il en attendait le retour de sa puissance personnelle par la défaite de ses ennemis, qu'il confondait avec ceux de la République. Il était satisfait et, malgré quelques pressentiments, d'une gaîté qui ne lui était pas habituelle. L'été, beau et chaud, l'animait. Il s'était amusé à poursuivre les hannetons (Hamel, III, 720). C'était une autre chasse que la Convention lui réservait.

LE NEUF THERMIDOR

Tout de suite, il entra dans le vif du débat, où il prétendait apporter « des vérités utiles » et dissiper les « terreurs ridicules » que la perfidie avait répandues. S'il déclarait qu'il se justifierait lui-même, il annonçait dès les premiers mots à la Convention, par une tactique habile, qu'il défendrait son « autorité outragée et la liberté violée. » Qui donc outrageait et proscrivait la raison? Les *scélérats*. Mais Robespierre, ce terrible mot lancé, allait marquer immédiatement la faiblesse de sa position en disant qu'occupé à un soin plus pressant, celui de dévoiler les abus qui tendaient à la ruine de la patrie, il n'intenterait aucune accusation. « *Je ne me charge pas des devoirs d'autrui :* il est tant de dangers imminents que cet objet n'a plus qu'une importance secondaire. » Qui donc, s'il ne les désignait pas, s'il ne les nommait pas, s'il ne formulait pas contre eux une accusation précise et formelle, appuyée sur des faits et sur des preuves, poursuivrait les « fripons » et leurs « inextricables impostures? » Robespierre, après avoir revendiqué le rôle qu'il avait joué contre les hébertistes et les dantonistes, repoussait toute solidarité avec les « monstres » qui avaient « porté la terreur dans toutes les conditions, déclaré la guerre aux citoyens paisibles, érigé en crimes ou des préjugés incurables ou des choses indifférentes » et « rendu la Révolution redoutable au peuple même. » Évidemment il pensait à Fouché, à Tallien, à Barras, à Fréron, à d'autres encore. Mais qu'importait à ceux-ci une dénonciation aussi vague, et l'allusion non moins vague soit aux listes « odieuses » que leurs manœuvres avaient fait courir, soit aux « rassemblements nocturnes où la perfidie distribuait aux convives les poisons de la haine et de la calomnie? » Parmi ces calomnies, aucune ne touchait plus Robespierre que celle d'avoir voulu usurper la dictature pour porter atteinte à la représentation nationale. Il lui répugnait de « paraître un objet de terreur » et il rappelait qu'il avait, au risque de blesser l'opinion publique, sauvé soixante-treize députés dont les opinions l'auraient conduit à l'échafaud si elles avaient triomphé. Il avait un « respect sans bornes » pour la Convention nationale, qu'il invitait à reprendre sa confiance et sa dignité. Mais il ne voulait pas « absoudre le crime. » Il voyait deux partis, « celui des bons et celui des mauvais citoyens, » celui des dupes et celui des fripons, ceux-ci moins nombreux, qu'il fallait « punir des crimes et des malheurs du monde, » en distinguant, à l'aide du bon sens et de la justice, « les dupes des complices, et l'erreur du crime. » Pour arracher à l'oppression tous les amis généreux de la patrie, Robespierre, repoussant avec mépris l'accusation d'avoir voulu « descendre à l'infamie du trône, » faisait appel à la Convention, calomniée par les factions qui intriguaient pour le compte et avec l'aide de l'étranger. Il n'était, lui, d'aucune autre faction que de celle du peuple, « un esclave de la liberté, un martyr vivant de la République, la victime autant que l'ennemi du crime. » On

LE NEUF THERMIDOR

l'accusait de tous les projets et de tous les excès,
— des excès destinés à discréditer et à avilir la
Révolution — et on disait, on faisait tout, pour
diriger sur lui « toutes les haines et tous les poignards
du fanatisme et de l'aristocratie. » C'est au sein
même de l'allégresse publique, pendant la fête de
l'Être Suprême, que s'étaient produites les premières attaques, reprises par la malveillance à
l'occasion de l'affaire de *Catherine Théos.* Tandis
que les vrais coupables conspiraient contre la
liberté, on prenait toutes les mesures et on
employait tous les moyens pour tourmenter le
peuple, pour multiplier les mécontents et pour
préparer « *l'extrême indulgence qui contrasterait
avec l'état présent des choses.* »

Tel était, au dire de Robespierre, le plan de la
conspiration ourdie contre lui afin de le rendre
odieux ou redoutable. Il expliquait par ces intrigues
sa retraite du Comité de Salut public. Il y avait
six semaines que sa dictature était expirée. « Je
n'ai eu aucune influence sur le gouvernement; le
patriotisme a-t-il été plus protégé? Les factions
plus timides? La patrie plus heureuse? Je le
souhaite. » Il y avait dans ce souhait le mépris d'un
orgueil blessé, le regret d'un « surveillant incom-
mode, » d'un « ami de la patrie, » qui se disait
sacrifié par les « viles passions » d'intrigants sans
morale et sans principes, et aussi le dégoût d'une
ambition désabusée qui n'avait pas réussi à
« déraciner le système de corruption et de désordre »
dont vivaient les factions des « athées contre-

révolutionnaires. » Robespierre s'était tracé l'idée d'une « République vertueuse, » mais « sa raison et son cœur, » ébranlés et troublés par « l'horrible succession de traîtres plus ou moins habiles à cacher leur âme hideuse sous le voile de la vertu, » lui arrachaient un cri où se révèle l'un des aspects de son âme complexe, qui reste, malgré tant d'analyses psychologiques, une indéchiffrable énigme. « En voyant la multitude des vices que le torrent de la Révolution a roulés pêle-mêle avec les vertus civiques, j'ai craint quelquefois, je l'avoue, d'être souillé aux yeux de la postérité par le voisinage impur des hommes pervers qui s'introduisaient parmi les sincères amis de l'humanité. »

Jusqu'ici ce long discours, dont les périodes alternées sans ordre logique procédaient tantôt de la défense et tantôt du réquisitoire, n'avait exprimé aucune vue ou aucun programme de gouvernement. Tous les procédés d'une rhétorique habile, qui passait de la déclamation sentimentale à la menace voilée, étaient familiers à Robespierre. Il en usait avec art. Mais où voulait-il en venir? Quelles étaient ses intentions? Avait-il un plan? Allait-il conclure? Après avoir protesté contre la « désolante doctrine » de Chaumette et proclamé que *la mort*, loin d'être un sommeil éternel, *est le commencement de l'immortalité*, il se décida à léguer « la vérité terrible, » qu'il avait promise, aux « oppresseurs du peuple. » Il nia que tout fût bien dans la République, dont la fondation n'était pas une entreprise aussi facile que les

LE NEUF THERMIDOR

« vaines flagorneries » se plaisaient à le dire, et sa critique acerbe n'épargna ni l'administration militaire ni la situation intérieure ni les relations extérieures ni la justice nationale ni la politique financière. Il n'avait encore prononcé aucun nom. Il y avait bien dans un passage très développé de son discours ceux d'Amar et de Jagot, membres du Comité de Sûreté générale, auxquels il reprochait de s'appuyer sur leurs commis pour organiser la division et la calomnie, mais il l'avait raturé et il ne l'avait pas lu. Ce fut à l'occasion de l'administration des finances qu'il précisa brusquement son attaque. Il la dénonça comme « un système d'innovation contre-révolutionnaire, déguisé sous le dehors du patriotisme, » ayant pour but « de fomenter l'agiotage, d'ébranler le crédit public en déshonorant la loyauté française, de favoriser les riches créanciers, de ruiner et de désespérer les pauvres, de multiplier les mécontents, de dépouiller le peuple des biens nationaux et d'amener insensiblement la ruine de la fortune publique. » Et comment traitait-il les administrateurs suprêmes des finances? « Des brissotins, des feuillants, des aristocrates et des fripons connus : ce sont les Cambon, les Mallarmé, les Ramel. » Cambon, un fripon, dont les manœuvres avaient trompé le Comité de Salut public pour assurer le succès de la conspiration! Voilà où en venait Robespierre, qui n'avait nommé ni Fouché ni Tallien, ni Barras ni Fréron. Cette aberration, qui exploitait les rancunes dressées contre un rude et honnête intendant des finances publiques, ne fut pas la seule. Robespierre ne prononça pas le nom de Carnot, mais il lui fit le grief de n'avoir pas « enveloppé » ou « exterminé » les armées fugitives et, ce même jour où la Convention avait applaudi à la prise d'Anvers et de Nieuport, il déclara que, « tant maltraitée par nos discours, l'Angleterre était ménagée par nos armes. » Après cela, il fit et il refit le procès des factions, des scélérats, des députés perfides, des ennemis de la patrie, des fripons, encore des fripons, toujours des fripons! Des insinuations, que seuls des initiés pouvaient comprendre, visaient ou Billaud-Varenne ou Barère ou Fouché ou tel autre. Mais, sauf Cambon, — Cambon! — aucun fripon n'était nommé, dénoncé, accusé. Résolu à dire la vérité et à « mourir pour elle, » Robespierre affirmait l'existence d'une conspiration contre la liberté publique. Où trouvait-elle sa force? Dans une coalition criminelle qui s'était formée au sein de la Convention, et dont les complices existaient jusque dans les Comités de Salut public et de Sûreté générale. Quel remède à ce mal? « *Punir* les traîtres; renouveler les bureaux du Comité de Sûreté générale; *épurer* le Comité de Salut public lui-même. » Tels étaient les principes que Robespierre proclamait pour écraser les factions et mettre fin à leur tyrannie. Ambitieux, il se défendait de l'être, mais « que peut-on objecter à un homme qui a raison, et qui sait mourir pour son pays? Je suis fait pour combattre le crime, non pour le gouverner.

LE NEUF THERMIDOR

Le temps n'est point arrivé où les hommes de bien peuvent servir impunément la patrie ; les défenseurs de la liberté ne seront que des proscrits tant que la horde des fripons dominèra. »

Ce discours, qui avait duré plus de deux heures, et qui fut applaudi quand Robespierre descendit de la tribune, avait été écouté « dans le silence de la stupeur. » Ces expressions sont de Levasseur (de la Sarthe), un ami de Robespierre ; il était en mission et il n'avait pas assisté à la séance, mais il en avait, dès son retour, recueilli les échos qui confèrent à son témoignage une indiscutable valeur. « Sa pensée y était perdue au milieu d'une foule de phrases obscures, et en l'écoutant il était difficile d'en comprendre le sens. Le vague qui régnait dans le discours de Robespierre était, dans sa position, une immense faute ; s'il eût porté contre ses collègues des Comités et contre quelques proconsuls une accusation directe et franche ; s'il eût annoncé le dessein de mettre en liberté une grande partie des suspects et de régulariser la forme du gouvernement ; s'il eût, en un mot, expliqué ce qui n'était qu'indiqué dans son discours, il eût, sans aucun doute, été couvert d'applaudissements universels, et ses adversaires se seraient en vain débattus contre l'exécration publique ; mais le vague de son langage, les menaces qu'il recélait, les accusations indirectes qu'il laissait planer sur quelques conventionnels ; enfin, sa justification personnelle même, quelque liée qu'elle fût à sa profession de foi, n'étaient pas

"

de nature à réunir les opinions. » (*Mémoires*, III, 130-132.)

Ainsi le discours de Robespierre, qu'il suffit d'ailleurs de lire pour avoir cette impression, avait manqué son but. Il ne fallait à ses adversaires qu'un peu d'audace pour gagner contre lui la partie qu'il avait imprudemment livrée. La fin de la séance précipita sa déroute. Il fut battu sur le terrain même où il avait, dans l'excès de sa vanité oratoire, engagé son action.

Obéissant à une impulsion dont le mobile échappe, Lecointre (de Versailles), qui avait préparé depuis le début de prairial une conjuration contre Robespierre, demanda l'impression de son discours. Plus avisé, un autre conjuré, Bourdon (de l'Oise), se prononça pour le renvoi aux Comités, qui fut combattu par Barère, encore incertain de la victoire. Couthon proposa d'envoyer le discours à toutes les communes de la République, et, trouvant une occasion d' « épancher son cœur » contre un système de calomnie qui cherchait à atteindre les plus vieux et les plus fidèles serviteurs de la Révolution, il n'hésita pas à parler de « quelques hommes immoraux et indignes de siéger dans cette enceinte. » Après l'adoption de cette proposition, Vadier prit la défense des Comités, dont il affirma l'estime et la confiance mutuelles. Mais Cambon avait demandé la parole et il s'était élancé à la tribune. « Avant d'être déshonoré, s'était-il écrié, je parlerai à la France. » Il parla avec une extraordinaire vigueur et avec cet accent d'honnêteté que toute la Convention respectait. « Et moi aussi, je me présente dans la lice! » Il accusa les agioteurs, menacés par ses réformes, de fournir les matériaux des discours prononcés contre lui et il contesta sur le ton le plus méprisant les chiffres qui avaient servi de base aux accusations de Robespierre : « Il serait peut-être facile de le faire convenir qu'il n'a rien fait pour connaître ces calculs. » Étranger à toutes les factions, qu'il avait « dénoncées tour à tour lorsqu'elles avaient tenté d'attaquer la fortune publique, » serviteur de son pays et esclave de son devoir, Cambon frémissait sous l'outrage dont Robespierre avait essayé de le flétrir en le traitant de fripon. Tous les partis l'avaient trouvé sur leur route sans ébranler sa fermeté. « J'ai méprisé toutes les attaques; j'ai tout rapporté à la Convention. Il est temps de dire la vérité tout entière; un seul homme paralysait la volonté de la Convention nationale; cet homme est celui qui vient de faire ce discours, c'est Robespierre : ainsi jugez. » Écrasé sous cette apostrophe véhémente et directe, Robespierre déclara qu'il n'avait pas voulu « attaquer les intentions » de Cambon et il balbutia des explications embarrassées, qui lui attirèrent un nouveau démenti.

Cet incident changea la physionomie de la séance « Pour la première fois, depuis le 31 mai, Robespierre avait eu le dessous.... La redoutable puissance du dictateur était ébranlée; le prestige était détruit; sa voix avait perdu son influence.... » (Levasseur). Billaud-Varenne, résolu à « arracher

le masque sur quelque visage qu'il se trouve, »
renouvela la déclaration qu'il avait faite au Comité
en faveur du *dogme de l'intégrité de la représentation
nationale* et il y mit le même accent. « J'aime mieux
que mon cadavre serve de trône à un ambitieux
que de devenir, par mon silence, le complice de ses
forfaits. » Il demanda le renvoi aux deux Comités.
C'était rouvrir la bataille et révoquer le vote qui
avait adopté la motion de Couthon. Panis, dont
l' « âme sensible et tendre » avait voulu donner
en exemple aux départements les massacres de
septembre, laissa « déborder son cœur navré. »
Il n'aurait été que ridicule s'il n'avait pas fait
allusion à la fameuse liste et s'il n'avait pas dit
que Robespierre en était l'auteur.

Celui-ci sentit le danger. Accusé par Billaud-
Varenne d'ambition dictatoriale et par Panis
de vouloir obtenir « des têtes, » dont les « fournées »
étaient prêtes, il ne releva pas le double défi,
mais il prit un ton plus ferme : « Je me suis présenté
à découvert à mes ennemis; je n'ai flatté personne,
je ne crains personne, je n'ai calomnié personne. »
— « Et Fouché? » lui cria Panis, qui déjà avait
prononcé ce nom. Robespierre, sommé deux fois,
ne pouvait pas garder le silence. Allait-il enfin
dénoncer le chef de la conspiration et profiter de
l'occasion qui lui était offerte d'accuser son
principal adversaire? Il se déroba. « Je me mets à
l'écart de tout ceci.... Je ne veux ni l'appui ni
l'amitié de personne; je ne cherche point à me
faire un parti; il n'est donc pas question de me

demander que je blanchisse tel ou tel, J'ai fait mon devoir; *c'est aux autres de faire le leur.* » Quels autres et quel devoir? La réticence était d'autant plus dangereuse que Robespierre avait commencé par dire : « On me parle de Fouché! *je ne veux pas m'en occuper actuellement.* » Il s'en occuperait donc plus tard, et aussi du reste des conjurés, s'il gagnait la première bataille, celle dont l'impression de son discours avait déchaîné l'action! La maladresse de sa tactique s'aggravait. Il en avait dit trop ou pas assez. Ayant perdu le contact avec la Convention, il n'avait pas soupçonné l'étendue de la conjuration qui le menaçait. Un sourd et long travail s'était fait contre lui. Les Comités l'avaient trompé sur leur marche combinée, afin de le démasquer au moment opportun et l'heure était venue, prévue par eux, où il « s'enlasserait (*sic*) lui-même dans ses propres filets » et s'exposerait à des coups certains. Ces coups pleuvaient brusquement de tous les côtés. Bentabole, Charlier, Amar, Thirion, Bréard, demandaient le renvoi aux Comités et Barère, qui avait flairé le vent, retirait, en termes hypocrites, sa première proposition. Renvoyer le discours aux Comités, c'était en confier l'examen à ceux que Robespierre avait accusés. Il en fit la remarque. On murmura. De telles manifestations étaient le signe d'une déchéance qui s'annonçait. Il n'était plus le maître : murmurer, c'est déjà n'avoir plus peur. Charlier, un fou qui amusait d'ordinaire l'Assemblée par ses extravagances, avait prononcé la vraie parole de la situation. « Quand on se vante d'avoir le courage de la vertu, il faut avoir celui de la vérité. Nommez ceux que vous accusez. » Des applaudissements avaient jailli, et aussi ces cris : « Les noms! les noms! » qui devaient depuis retentir si souvent dans les Assemblées parlementaires. Robespierre se borna à répondre que, persistant dans ce qu'il avait dit, il ne prendrait aucune part à ce qu'on déciderait pour son discours. C'était une grande faute, toujours la même faute, dont Saint-Just aurait, le lendemain, s'il avait pu lire son discours, souligné l'importance. « Le membre qui a parlé long-temps hier à cette tribune ne me paraît point avoir assez nettement distingué ceux qu'il inculpait. » Cette erreur valut à Robespierre un échec gros de conséquences : la Convention rapporta le décret qui avait ordonné l'impression de son discours et, au lieu de l'envoyer jusqu'à « la plus petite com-mune, » comme Couthon l'avait d'abord demandé et obtenu, elle le renvoya aux Comités. Ceux-ci étaient les triomphateurs de la journée.

Il était cinq heures de l'après-midi. Robes-pierre comprit-il qu'il était perdu ou ne vit-il dans son échec qu'un accident passager dont sa popu-larité et son éloquence auraient finalement raison? On ne saurait le dire, les traditions étant contra-dictoires. Il semble du moins qu'il ne prit aucune mesure. Mais croyait-il en avoir besoin? Il avait pour lui les Jacobins, la Commune, l'État-Major de la Garde nationale de Paris et le camp de la plaine des Sablons, des forces intactes qu'un simple signe rallierait à son appel et à son secours.

Le soir, il se rendit aux Jacobins. Il y avait du monde jusque dans les corridors. On l'accueillit avec enthousiasme. Billaud-Varenne et Collot d'Herbois, qui avaient cessé depuis longtemps de fréquenter le club et d'y parler, étaient venus surveiller la victoire qu'ils avaient remportée à la Convention. Traités comme des traîtres, ils furent mal reçus. Robespierre n'eut pas de peine à obtenir le premier la parole. Il lut son discours : ce fut un triomphe. Pourtant il se dit prêt à « boire la ciguë » et David, que l'on ne vit pas le lendemain et qui le renia trois jours après, s'écria, en l'embrassant, qu'il la boirait avec lui. Ni Billaud-Varenne ni Collot d'Herbois ne purent dominer le tumulte qui les assaillit. « Nous eûmes à lutter, dit Billaud, jusqu'à près de minuit contre la fureur et les rugissements des factieux qui crurent alors pouvoir se déclarer impunément, et qui nous eussent massacrés s'ils ne se fussent pas imaginé que leurs mesures étaient si bien prises qu'elles ne pouvaient avorter.... Notre voix étouffée par le fracas ne put se faire entendre à travers les cris mille fois répétés : *à la guillotine! à la guillotine!* » Dumas, le président du Tribunal révolutionnaire, excitait contre la Convention et contre ses représentants les imprécations et les menaces. Après que Billaud-Varenne et Collot d'Herbois, chassés de la réunion par les épaules, furent partis, Couthon fit décider l'exclusion immédiate des

députés qui avaient rejeté l'impression du discours de Robespierre. Celui-ci résista aux conseils
d'hommes énergiques qui le poussaient à agir tout
de suite contre les Comités. Parmi eux il y avait
Payan, l'agent national, qui, déjà, l'avait averti
de la conspiration, dont il connaissait les fils, et
lui avait demandé d'user contre elle de toute sa
force. Robespierre, soit par respect de la légalité,
soit par faiblesse de tempérament, n'avait rien
voulu faire. Le soir du 8 thermidor, ayant parlé
et ayant été acclamé, il s'en alla tranquillement
coucher chez les Duplay : ce sommeil lui coûta la vie.

A minuit et demi, Collot d'Herbois se rendit au
milieu des deux Comités réunis qui travaillaient
aux opérations ordinaires. Saint-Just, « qui ne
témoignait ni inquiétude ni repos, » observait ses
collègues. Il avait envoyé à la copie la plus grande
partie de son rapport, qu'il avait ainsi un prétexte à ne pas lire. Silencieux jusqu'à l'arrivée de
Collot d'Herbois, il lui demanda avec une froide
ironie *ce qu'il y avait eu de nouveau aux Jacobins*.
Il en aurait moins fallu pour déchaîner la fureur
de Collot, tout frémissant encore de l'expulsion
violente dont il venait d'être la victime. Il traita
Saint-Just de lâche, d'hypocrite, de traître, d'es-
pion, de « boîte à apophtegmes, » et il dénonça les
« trois scélérats » qui conspiraient contre la liberté.
Élie Lacoste et Barère l'interrompirent pour
couvrir à leur tour le triumvirat de basses injures.
Quand il reprit son discours, Collot d'Herbois
déclara à Saint-Just, cet « ennemi domestique, »

que, décidés à mourir à leur poste, les Comités sauraient démasquer leurs assassins et rendre impossible le succès de leurs « horribles trahisons. » Saint-Just, qui avait vidé sa poche et déposé des papiers sur la table pour prouver qu'ils ne contenaient pas les calomnies dont on le soupçonnait de nourrir ses projets, prit l'engagement de lire le lendemain son rapport aux Comités, et, s'il n'était pas approuvé, d'en faire le sacrifice. Après un intervalle qui lui rendit son sang-froid et, s'il faut en croire ses anciens collègues, son « ton mielleux et hypocrite, » il aurait avoué à Collot d'Herbois qu'il avait établi une inculpation contre lui sur des propos qu'il aurait tenus dans un café contre Robespierre. Irrités par cette attitude et croyant comprendre que Saint-Just ne restait au milieu d'eux que pour les empêcher de prendre les mesures exigées par la situation, les membres des Comités furent sur le point de le faire arrêter. Mais ils crurent qu'il vaudrait mieux attendre son rapport. Pendant qu'ils discutaient, « il jouait l'étonnement, » il se plaignait de ne pas être au courant des dangers que l'on redoutait; « il ne concevait pas cette manière prompte d'*improviser la foudre* à chaque instant, et il nous conjurait, au nom de la République, de revenir à des idées plus justes, à des mesures plus sages. C'est ainsi que le traître nous tenait en échec, paralysait toutes nos mesures et refroidissait notre zèle. »

Il y a bien des invraisemblances dans ce récit, mais, pendant que Robespierre dormait, Saint-

Just veillait et surveillait; s'il avait été le maître de l'action, les événements auraient pris un autre cours. Il partit à cinq heures du matin. Déjà Fleuriot-Lescot, maire de Paris, et l'agent national Payan avaient été convoqués devant les Comités. Attachés à Robespierre, ils furent inutilement interrogés, mais, gardés pendant cinq heures, ils ne purent pas se concerter et agir. Ainsi les Comités jouaient avec les deux agents de Robespierre le même jeu que Saint-Just jouait, pour le compte de Robespierre, avec les Comités. Pourtant ceux-ci préparèrent des projets et des proclamations dont ils comptaient saisir la Convention. Il fallait être prudent. Des mesures prises trop tôt, à une heure où les Comités ne disposaient d'aucune autorité civile ou militaire pour leur confier l'arrestation de leurs adversaires, auraient eu pour résultat de provoquer la résistance de Fleuriot-Lescot, de Payan et du général Hanriot, qui avaient toute la force armée à leur service. Seule la Convention pouvait, en votant les mesures préparées d'heure en heure par les Comités, leur donner les moyens de briser cette résistance.

A dix heures Saint-Just devait lire son rapport : il ne vint pas. Mais Couthon se rendit aux Comités. Mis au courant du projet d'arrestation d'Hanriot, il se porta garant de son bon patriotisme et il déclara que cet acte contre-révolutionnaire produirait dans Paris un mouvement terrible. Cette menace n'était pas faite pour arrêter des hommes qui jouaient leur vie. Ils maintinrent leurs décisions. Couthon, moins flegmatique que Saint-Just, entra dans une violente colère. Il adressa des injures à Carnot. « Je savais bien, lui dit-il, que tu étais le plus méchant des hommes. — Et toi le plus traître, » répondit Carnot. A midi, un huissier de la Convention vint avertir le Comité que Saint-Just était à la tribune.

Au même moment Tallien donna le même avertissement à Durand-Maillane, un député de la droite, qui se promenait dans la salle de la Liberté avec un montagnard, Rovère. Quelques instants avant, un autre montagnard, Bourdon (de l'Oise) était venu serrer la main à Durand-Maillane en lui disant : *Ô les braves gens que les gens du côté droit!* Entre la Montagne et la Plaine l'accord s'était fait pendant la nuit contre Robespierre. Le côté droit était le plus nombreux en suffrages. Robespierre l'avait « constamment protégé, » sans doute, ajoute Durand-Maillane pour s'en faire un rempart en cas de besoin, tandis que les Montagnards avaient demandé l'arrestation et l'accusation des modérés. Robespierre s'était endormi sur une espérance : plus habiles et plus énergiques, les Montagnards prirent un gage. D'abord leurs émissaires, envoyés à Palasne-Champeaux, à Boissy d'Anglas et à Durand-Maillane, tous trois anciens Constituants, furent repoussés. Ils faisaient valoir que le côté droit, s'il leur refusait son concours, serait responsable des « assassinats » projetés par Robespierre, et que « leur tour d'y passer viendrait. Renvoyés une fois, ils revinrent aussitôt à la charge; nous cédâmes à la troisième fois. Il n'était pas possible de voir plus longtemps tomber soixante, quatre-vingts têtes sans horreur. Le décret salutaire ne tenait qu'à notre adhésion; nous la donnâmes et dès ce moment les fers furent au feu. » (Durand-Maillane.)

Fouché, de son côté, avait, de sa main diabolique, mis les fers au feu. Robespierre et Saint-Just avaient prononcé des paroles évasives pour laisser croire aux Montagnards les plus avancés que l'ancien ami de Chaumette les trahissait. Collot d'Herbois s'en était ému. Il y eut, le 9 thermidor, des explications devant le Comité. Fouché s'y rendit. L'affaire s'arrangea. Il avait dit la veille à Barras et à Tallien : « Il faut frapper demain. » Jamais homme n'eut plus que lui le sens de l'heure. Après avoir agi et parlé, il s'abstint. Sa présence, dénoncée par Robespierre, aurait eu plus d'effet qu'un discours. Fouché ne lui donna pas cette chance. Il avait l'art de disparaître. Absent le 8, il ne se montra pas le 9. Mais le dénouement lui importait plus que le rôle et il put jouir du succès de ses manœuvres. Il y a des pages d'histoire qui s'écrivent à la fois dans les coulisses et sur la scène.

***

... Le 27 juillet 1794, à midi, sous un ciel lourd d'orage, Saint-Just montait à la tribune de la Convention nationale, que Collot d'Herbois présidait. La situation était tragique. D'une façon ou d'une autre, pour les uns et pour les autres, il fallait en sortir. Les fautes de Robespierre et celles de Saint-Just rendaient plus forte la situation des conjurés que celui-ci allait combattre. La veille, Robespierre avait dénoncé une conspiration dont il n'avait pas désigné les conspirateurs. Était-il encore temps de réparer cette erreur? « Malheur à qui se nomme lui-même! » Ce mot terrible n'était plus vrai. En se nommant ou en se jetant dans la lutte, Billaud-Varenne et Vadier, Cambon et Amar, Bourdon (de l'Oise) et Barère s'étaient faits accusateurs. Ils avaient renversé les rôles et changé l'aspect de la partie : ils avaient vaincu Robespierre. Saint-Just, pour prendre une revanche, devait inculper ceux que Robespierre n'avait pas assez nettement désignés. Il était de taille à jouer ce rôle : il en avait l'habitude. Mais il ne s'agissait plus, comme dans le procès de Danton, de pousser des accusés vers un tribunal révolutionnaire dont la forfaiture ne s'astreindrait même pas à garder les apparences de la légalité. Il fallait un débat, public et contradictoire, un duel, pour dire le mot exact, — devant la Convention, qui jouait son propre sort, — avec des hommes encore frémissants d'une lutte où ils avaient éprouvé et imposé leur force.

Et au nom de qui Saint-Just parlait-il? Il avait manqué à sa parole en ne se rendant pas devant les Comités pour lire son discours. Selon ses propres expressions, il avait « profité d'un moment de loisir que lui avait laissé leur espérance » pour se présenter à la tribune. Pourtant, pris d'un scrupule, il leur avait envoyé ce court billet : « L'injustice a fermé mon cœur : je vais l'ouvrir tout entier à la Convention nationale. » C'était un défi plus qu'une excuse. Les membres des Comités le relevèrent en se rendant tous à l'Assemblée. Mais déjà Saint-Just ne lisait plus. Il avait eu tout juste le temps de prononcer cinq ou six phrases. « Je ne suis d'aucune faction : je les combattrai toutes. Elles ne s'éteindront jamais que par les institutions qui produiront les garanties, qui poseront la borne de l'autorité et feront ployer sans retour l'orgueil humain sous le joug de la liberté publique.

« Le cours des choses a voulu que cette tribune aux harangues fût peut-être la roche tarpéienne pour celui qui viendrait vous dire que les membres du gouvernement ont quitté la route de la sagesse. J'ai cru que la vérité vous était due, offerte avec prudence, et qu'on ne pouvait rompre avec pudeur l'engagement pris avec sa conscience de tout oser pour le salut de la patrie.

« Quel langage vais-je vous parler ? Comment vous peindre des erreurs dont vous n'avez aucune idée, et comment vous rendre sensible le mal qu'un mot décèle, qu'un mot corrige ?

« Vos Comités de Sûreté générale et de Salut public m'avaient chargé.... »

A ces mots, Tallien, dont la pensée de sa maîtresse emprisonnée emplissait l'âme autant que le salut de la République, prit la parole pour une

LE NEUF THERMIDOR

motion d'ordre. Il déclara qu'il n'était, lui non plus, d'aucune faction, mais qu'en s'isolant l'un après l'autre du gouvernement, Robespierre et Saint-Just avaient aggravé les maux de la patrie, précipitée dans l'abîme. Il ajouta : « Je demande que le rideau soit entièrement déchiré. » Cette attaque brusquée, qui était le signal convenu de la conjuration, déchaîna une triple salve d'applaudissements. Le premier coup était porté, mais pour gagner la bataille, il fallait une voix plus puissante et moins discréditée que celle de Tallien. Billaud-Varenne, toujours sous la forme d'une motion d'ordre, entra avec violence dans le débat. Il rappela que, la veille, aux Jacobins, on avait projeté d' « égorger la Convention nationale, » et, du doigt, il désigna sur la Montagne un de ces hommes qui avaient, en vomissant les infamies les plus atroces, menacé les représentants du peuple. « Arrêtez-le ! Arrêtez-le ! » cria-t-on de toutes parts et l'individu fut saisi et chassé de la salle. De nouveau les applaudissements crépitèrent. L'affaire marchait. Saint-Just restait impassible à la tribune. Billaud-Varenne l'interpella et lui reprocha de n'avoir pas soumis son discours aux Comités. C'était le point faible de la position de Saint-Just. On comprend les raisons qui l'avaient déterminé à ne pas subir le contrôle de ceux-là mêmes qu'il accusait. Mais en se dérobant au devoir de discipline qu'il avait tout d'abord accepté, il paraissait réclamer une situation privilégiée et il donnait prise aux reproches de tyrannie qui étaient contre Robespierre et lui le principal grief des Comités.

Billaud-Varenne, qu'un président impartial aurait rappelé au respect du règlement, profita de la complicité de Collot d'Herbois pour prononcer, sous le prétexte de la motion d'ordre, un violent réquisitoire contre Robespierre. Il n'y avait plus rien ni personne à ménager. « L'Assemblée jugerait mal les événements et la position dans laquelle elle se trouve si elle se dissimulait qu'elle est entre deux égorgements. Elle périra si elle est faible. » Ce mot était celui de la situation. La Convention n'avait entendu que le discours si vaguement comminatoire de Robespierre. Peut-être celui de Saint-Just, dont l'âpreté était plus directe, aurait-il modifié les choses, mais la Convention crut ou feignit de croire que sa faiblesse serait le signe de son massacre et tous ses membres se levèrent en agitant leurs chapeaux, tandis que les tribunes acclamaient les Comités. Lebas, seul parmi les amis de Robespierre, essaya une protestation énergique, mais, rappelé à l'ordre et menacé d'être envoyé à l'Abbaye, il dut céder et se taire.

Billaud-Varenne, dont l'éloquence avait plus de fougue que de méthode, accumula dans un véhément désordre toute une série de griefs contre Robespierre et il lui reprocha même d'avoir voulu sauver Danton. Mais les dantonistes qui étaient entrés dans la conjuration cherchaient moins en ce moment à réhabiliter leur tribun qu'à secouer la tyrannie de son bourreau. « Nous mourrons tous

LE NEUF THERMIDOR

avec honneur, criait Billaud-Varenne, au milieu d'applaudissements frénétiques, car je ne crois pas qu'il y ait ici un seul représentant qui voulût exister sous un tyran. » Robespierre s'était élancé à la tribune. Il y fut accueilli par les cris de : *A bas, à bas le tyran*! et sa voix, étouffée sous ces clameurs, ne put faire entendre aucune parole. Il descendit quelques degrés et il fut pris à partie par Tallien, qui, véhément et théâtral, déclara s'être armé d'un poignard pour percer le sein du « nouveau Cromwell » si la Convention nationale n'avait pas le courage de le décréter d'accusation. L'ancien proconsul terroriste de Bordeaux, l'amant de la Cabarrus, opposa avec un cynisme audacieux la liberté et la vertu aux « hommes crapuleux et perdus de débauches » qui servaient les desseins de Robespierre. Mais il ne se borna pas à ces déclamations. Il fallait prendre des mesures pratiques de précaution et de sécurité. Tallien proposa l'arrestation du général Hanriot et de son état-major ; elle fut adoptée, ainsi que la permanence des séances. Sur la proposition de Billaud-Varenne et de Delmas, d'autres arrestations sont décidées, sans discussion, au milieu d'applaudissements qui ne cessent pas. Robespierre veut prendre la parole. Les mêmes cris d'indignation l'accueillent : il ne peut pas dire un mot. Barère, dont la facilité s'accommode de toutes les besognes, lit un rapport et une proclamation. La Convention décrète, sur ce rapport tout rempli de l'éloge des Comités, que tous les grades supérieurs à celui de chef de légion seront supprimés dans la garde nationale et que le maire de Paris et l'agent national de la Commune répondent sur leur tête de la sécurité publique. On menace ainsi Fleuriot-Lescot et Payan et on les tient en surveillance sans prononcer leur destitution, qui aurait pu provoquer des troubles. Ces mesures décidées, la discussion reprend. Vadier amuse un instant la Convention par l'affaire de Catherine Théot et des histoires d'espionnage. Mais Tallien, qui décidément a pris la direction de la manœuvre, comprend que cet intermède n'avance pas les choses. L'heure est moins aux rires qu'à l'action et il demande la parole « pour ramener la discussion à son vrai point. — Je saurai bien l'y ramener, » réplique Robespierre, qui n'a pas, dans cet horrible tumulte d'une assemblée tout entière déchaînée contre lui, perdu son sang-froid ni même, d'après le compte rendu thermidorien de la séance, son « ton menaçant et audacieux. » Va-t-il enfin pouvoir parler, se disculper et accuser, remonter le courant, remettre les choses au point? Il tente cet effort, mais, de nouveau, les murmures et les cris lui ferment la bouche, tandis que Tallien ne le lâche pas et, au lieu de se perdre, comme Vadier, dans de fastidieux commérages, lui reproche son discours de la veille, où il trouve « toute la conspiration, » sa désertion du Comité à l'heure même où l'armée du Nord donnait « à tous ses collègues de vraies sollicitudes, » ses calomnies, ses actes d'oppression pendant qu'il était chargé de la police générale. Robespierre, dans un sursaut, fait entendre un démenti.

« C'est faux!... je.... » Murmures, cris. — Robespierre arrête un moment ses yeux sur les plus ardents montagnards; quelques-uns détournent la tête, d'autres restent immobiles; la majorité le repousse. Alors, s'adressant à tous les côtés : *C'est à vous, hommes purs, que je m'adresse, et non pas aux brigands... (Violente interruption)... Pour la dernière fois, président d'assassins, je te demande la parole....* » (Bruit). Collot cède le fauteuil à Thuriot. *Le président* : « Tu ne l'auras qu'à ton tour. » (Non! non! répond-on de tous côtés.... Le bruit continue; Robespierre s'épuise en efforts; sa voix s'éteint). » (Buchez et Roux, XXXIV, 33.)

Pendant cette scène dramatique, les « hommes purs » de la Plaine se taisent. On ne peut douter que Robespierre, abandonné par la Montagne qui le livre aux « brigands, » n'ait tourné ses regards vers leurs bancs et n'ait mis en eux, dans son angoissante détresse, sa confiance suprême. « Il espérait cette récompense de sa protection envers nous. Mais notre parti était pris; point de réponse et grand silence jusqu'à la délibération pour le décret d'arrestation de Robespierre et de ses complices, auquel nous donnâmes notre suffrage, ce qui rendit la délibération unanime. » (Durand de Maillane.)

Il n'y eut pas, à vrai dire, de délibération. A Robespierre impuissant, traqué, condamné au silence, Garnier (de l'Aube), dantoniste, cria :

« Le sang de Danton t'étouffe. » Était-ce là le secret de la conjuration? Robespierre parut le croire, une lueur traversa son esprit et il dit : « C'est donc Danton que vous voulez venger? » Il aurait ajouté, d'après Levasseur, « *Lâches, pourquoi ne l'avez-vous pas défendu?* », mais cette réplique, dont on ne saurait nier la tragique grandeur, n'est pas confirmée par d'autres témoignages.

Après sa réponse à Garnier, Robespierre se tut. Le bruit, les injures, les menaces, avaient eu raison d'une volonté que les forces physiques avaient trahie : il était vaincu. Vaincu, oui; mais suffisait-il, pour l'abattre, de lui avoir interdit cette tribune qui fut si longtemps l'instrument de sa domination? Ni Billaud-Varenne ni Tallien n'avaient encore proposé contre Robespierre la mesure qui avait atteint ses complices, Hanriot et son état-major, Boulanger, Dumas, Dufraise. Qui oserait dire le mot décisif, frapper le coup nécessaire, hâter et forcer le dénouement? Un député obscur de l'Aveyron, Louchet, un montagnard, un ancien terroriste, prononça la parole redoutable. « Je demande le décret d'arrestation contre Robespierre. » Ce furent, d'abord, des applaudissements isolés, dont la rareté témoignait de la stupeur de l'Assemblée. Robespierre décrété d'arrestation par la Convention nationale! Il y eut un lourd silence. Puis les applaudissements se firent unanimes. Louchet obtint l'arrestation. Mais arrête-t-on quelqu'un que l'on n'accuse pas?

LE NEUF THERMIDOR

Lozeau, député de la Charente-Inférieure, autre terroriste, tenant pour constant que Robespierre avait été « dominateur, » demanda le décret d'accusation. De toutes parts cette proposition fut appuyée et votée. La Convention avait par ces deux mesures abattu la toute-puissance devant laquelle elle avait si longtemps plié.

A ce moment, Robespierre jeune prit la parole. Quinze jours auparavant, aux Jacobins, il avait rejeté les « basses flatteries » qu'on avait employées pour tenter de le séparer de son frère. « Tant qu'il sera le proclamateur de la morale et la terreur des scélérats, avait-il dit, je n'ambitionne *d'autre gloire que d'avoir le même tombeau que lui.* » Ce n'était pas une vaine figure de rhétorique. Il y avait dans l'âme d'Augustin, âgé de trente ans, de la fierté et de la sagesse, de la générosité et du courage. « Je suis aussi coupable que mon frère, dit-il; je partage ses vertus; je veux partager son sort. Je demande aussi le décret d'accusation contre moi. » Cet acte de dévouement, ce désintéressement héroïque, émurent une partie de l'Assemblée. Mais la pitié n'était pas, le 9 thermidor, à l'ordre du jour. La Convention refusa d'entendre Robespierre qui voulait sauver son cadet. Indigné et hors de lui, il apostropha le président et l'Assemblée avec une véhémence telle qu'au milieu du tumulte, à nouveau déchaîné, Thuriot dut se couvrir. Sa colère lui avait rendu des forces. Elles furent vaines. Il ne fut pas écouté. Les murmures, une fois de plus, dominèrent sa voix. Tous ses ennemis, déguisant leur haine et leur vengeance personnelles derrière le masque de l'intérêt public, prenaient leur part de l'hallali sous lequel succombait l'homme traqué. Sa résistance désespérée les irritait et les excitait. Fréron, l'odieux bourreau de Marseille, dont les excès avaient exigé le rappel, s'écria : « *Ah! qu'un tyran est dur à abattre!* »

L'arrestation d'Augustin fut décrétée à l'unanimité, et l'Assemblée se leva en poussant les cris de : *Vive la liberté! vive la République!* Robespierre eut la force de faire entendre une protestation : « La République, elle est perdue, car les brigands triomphent! » Louchet, tenace et grisé par son premier succès, dit : « Nous avons voulu voter l'arrestation des deux Robespierre, de Saint-Just et de Couthon. » Alors, entraîné par l'exemple d'Augustin et par l'instinct généreux de sa propre nature, Philippe Lebas, député du Pas-de-Calais, fit cette simple déclaration, qui contenait son arrêt de mort « : Je ne veux pas partager l'opprobre de ce décret! Je demande aussi l'arrestation. » Il y eut des « mouvements divers. » Cette formule, plus officielle qu'humaine, dit, cette fois, la vérité. Pendant une minute, l'une des plus tragiques de cette dramatique séance, la Convention cessa d'être unanime. Sans croire, d'après Levasseur, que ce « dévouement sublime excita des applaudissements de cannibales, » on peut savoir qu'ayant perdu tout contrôle d'eux-mêmes, quelques conventionnels opposèrent des sarcasmes au cri de

Lebas. Mais la majorité fut frappée de stupeur. Ce jeune homme de vingt-neuf ans, beau et courageux, doux et bon, qui avait rempli ses missions avec une modération héroïque, n'avait pas d'ennemis. La justice ne le condamnait pas et la pitié l'aurait sauvé si, dans le formidable déchaînement de tant de passions aveugles, il y avait eu place pour la justice et pour la pitié.

Tout de suite après l'arrestation de Robespierre jeune, soutenue par Élie Lacoste, qui l'accusait d'avoir « sonné aux Jacobins le tocsin contre les Comités, » Fréron dénonça le triumvirat et demanda la même mesure contre Saint-Just, Lebas et Couthon. Elle fut votée. Robespierre jeta un « Il en a menti... » à la face de Collot d'Herbois, qui l'accusait d'avoir préparé un 31 mai. Ce fut l'occasion d'un nouveau tumulte. Mais le président avait donné l'ordre aux huissiers d'exécuter le décret d'arrestation. Les accusés refusèrent d'obéir. De toutes parts on cria : *A la barre! à la barre!* et Lozeau, qui ne lâchait pas ses proies, rappela les précédents et demanda qu'il n'y eût pas de privilèges.

« Plusieurs voix : « Oui! oui! à la barre.

« La Convention décrète cette proposition.

« Les individus décrétés d'arrestation descendent à la barre (On applaudit à plusieurs reprises) ».

Parmi ces « individus, » il y en avait eu un, Maximilien Robespierre, qui s'était défendu toute l'après-midi, ou plutôt qui avait essayé de se défendre, contre une Assemblée ruée tout entière à sa perte, et dont les murmures, aidés par la bruyante sonnette du président, avaient épuisé les forces. Deux autres, Robespierre jeune et Lebas, avaient offert leur vie en sacrifice à une cause vaincue. Mais Couthon? Mais Saint-Just?

Couthon avait fait deux interruptions. Il avait reconnu qu'il avait « coopéré » à la disparition des monuments consacrés à l'Être Suprême, dont Robespierre avait rendu les Comités responsables. D'autre part, accusé par Fréron d'être « un tigre altéré du sang de la représentation nationale,... qui voulait se faire des cadavres des représentants autant de degrés pour monter au trône, » il avait dit simplement, en regardant son corps contourné et ses jambes paralytiques : « Je voulais arriver au trône, moi! »

Quant à Saint-Just, aucun document ne contredit, dans son ensemble, le témoignage saisissant de Barras. « Saint-Just, depuis qu'il était monté à la tribune, ne l'avait point quittée malgré l'interruption qui en aurait précipité tout autre. Il était seulement descendu de quelques degrés; puis, remonté pour reprendre le fil de son discours, il n'avait pu ajouter un mot aux deux seuls qu'il avait fait d'abord entendre; immobile, impassible, inébranlable, il semblait tout défier par son sang-froid.... » Ainsi, à la tribune ou auprès de la tribune, Saint-Just, qui avait commencé son discours à midi, était resté pendant des heures, trois ou quatre, le témoin silencieux du drame où se jouait sa vie. Tandis que les autres, et Couthon lui-même, avaient essayé de parler, il n'avait pas dit une phrase, il n'avait pas prononcé un mot, il n'avait pas fait un geste. Son discours à la main, ce discours dont il avait écrit les pages heurtées et inégales dans la fièvre d'une nuit de bataille, il regardait d'un œil stoïque la mer déchaînée où les cris se croisaient et où sifflaient les rafales. Il n'avait pas peur. Dans ses missions aux armées, sur le Rhin et sur la Sambre, à Charleroi et à Fleurus, il avait vu, sans trembler, la mort de près. Il se taisait parce qu'il sentait que la partie, mal engagée, était irrémédiablement perdue. Peut-être n'aurait-il dépendu que de lui d'être mis hors de cause. « Pour moi, disait-il dans le discours qu'il n'avait pas pu lire, je n'ai point à me plaindre du Comité, on m'a laissé paisible comme un citoyen sans prétentions et qui marchait seul. » Il pouvait encore aller seul. Barère avait dit à Billaud-Varenne de n'attaquer que Robespierre. Saint-Just aurait pu se taire et se sauver par son silence, mais il n'était pas homme à acheter la vie par une lâcheté; en parlant, il savait qu'il pouvait se perdre : il se perdit. Il n'admirait plus Robespierre, « comme Dieu, pour ses merveilles. » Les faiblesses de l'homme lui étaient apparues et il avait mesuré, avec la froide pénétration d'un « observateur taciturne, » les fautes que « l'amertume de son âme » lui avait fait commettre. Au fond, il se sentait supérieur à Robespierre : « Il s'en était fait craindre peut-être encore plus qu'il n'avait désiré s'en faire aimer, » (Levasseur) et il y avait dans son discours, à l'égard de son aîné, le ton d'une fierté qui juge. « Ne croyez pas au moins qu'il ait pu sortir de mon cœur l'idée de flatter un homme! Je le défends parce qu'il m'a paru irréprochable et je l'accuserais de même s'il devenait criminel. » C'étaient les intentions de Robespierre que Saint-Just trouvait irréprochables, mais non sa tactique. Il pensait qu'il faut nommer quand on dénonce et que la parole ne vaut que par l'action. S'il parlait, c'était pour agir. Il y avait dans son discours, où se retrouvaient sa concision hautaine et son dédain méprisant, des attaques personnelles et des accusations précises. Quand il vit qu'il ne pourrait pas le lire, il se résigna à son sort et, ramassant des feuillets désormais inutiles, il eut le geste de fermer le livre de sa vie. Il avait écrit : « Les circonstances ne sont difficiles que pour ceux qui reculent devant le tombeau. » Et il avait dit aussi : « Je l'implore, le tombeau, comme un bienfait de la Providence, pour n'être plus témoin de l'impunité des forfaits contre ma Patrie et l'humanité. » Monté à la tribune pour dénoncer ces « forfaits, » il en avait été empêché par la violence. Que peut un homme contre une assemblée résolue à ne pas lui laisser la parole? Tandis que Robespierre, s'il faut en croire le procès-verbal, suspect sur tant de points, de Charles Duval, « s'agitait, parcourait divers points de la salle, montait et descendait, d'un air furieux, les degrés de la tribune, » Saint-Just attendait, avec un sang-froid impassible, l'issue qu'il savait fatale. Rien n'avait ébranlé son immobilité.

LE NEUF THERMIDOR

Quand Élie Lacoste, qui s'enorgueillissait d'avoir le premier dénoncé le triumvirat devant le Comité, l'accusa d' « avoir pâli et de s'être trouvé mal, » il ne bondit pas sous l'outrage. Il déposa sans résistance sur le bureau, après la proposition qu'en avait faite Collot d'Herbois, le discours qu'il n'avaif pas pu prononcer. Il subissait son destin.

Après l'arrestation et le départ des cinq députés qu'elle venait de décréter d'accusation, la Convention poursuivit quelques instants encore sa séance. Collot d'Herbois, dont les circonstances offraient au talent déclamatoire une occasion qu'il ne pouvait pas manquer de saisir, goûta la joie d'un bruyant triomphe. Il fit le procès des tyrans; il raconta la séance des Jacobins où il avait été si fortement malmené, et celle des Comités, où il avait pris sa revanche. L'assemblée et les spectateurs se levaient en criant : « *Vive la République!* » La bataille parlementaire était gagnée; mais il restait à vaincre les Jacobins et la Commune, les sections et la garde nationale. C'était une autre partie, et à de certains égards la plus difficile et la plus indécise, qui commençait.

Au cours de la séance où elle avait « abattu » Robespierre, et avant même de le décréter d'arrestation, la Convention nationale avait, — il faut le rappeler, — adopté, sur le rapport de Barère, un décret qui chargeait le maire de Paris, l'agent national et le commandant de la garde nationale de veiller à la sécurité des représentants et d'assurer l'ordre dans la rue. « Le maire de Paris et l'agent national de la commune doivent, dans ce moment, disait Barère, remplir leur devoir, leur fidélité et leur dette envers le peuple : espérons qu'ils les rempliront. » Cet espoir ne reposait pas sur une base bien solide. Fleuriot-Lescot et Payan étaient des amis de Robespierre qui ne l'abandonneraient pas dans la mauvaise fortune. Quant au général Hanriot, dépossédé de son titre, on ne pouvait douter qu'il ne s'associât à eux pour gêner l'action de la Convention. L'huissier qui se présenta à la Maison-Commune au début de l'après-midi pour les inviter tous les trois à se rendre à la barre de l'Assemblée, afin de la renseigner sur la situation de Paris, y fut reçu avec une violence qui ne présageait rien de bon. Hanriot était ivre. Il arracha au maire la plume avec laquelle celui-ci allait signer le reçu du décret. « On n'en donne point dans un moment comme celui-ci. Va dire à tes j... f... de scélérats que nous sommes ici à délibérer pour les purger, et qu'ils ne tarderont pas à nous voir. » Cet état d'esprit, où s'accusait déjà une hostilité délibérée, s'accentua lorsque l'agent national reçut, à cinq heures, notification du décret d'arrestation des cinq députés. La Commune ouvrit sa séance à cinq heures et demie et elle siégea en permanence jusqu'à deux heures et demie du matin, où elle fut dispersée par les troupes de la

LE NEUF THERMIDOR

Convention. Au cours de ces neuf heures, elle prit toute une série de mesures de l'ordre administratif ou de l'ordre militaire, qui la constituaient en gouvernement insurrectionnel. Fleuriot-Lescot l'avait engagée à « sauver la patrie » comme au 10 août et au 31 mai, et Payan avait appuyé avec énergie les paroles du maire. Une adresse fut rédigée par l'agent national et par le citoyen Paris « pour éclairer le peuple sur ses vrais intérêts et le prémunir contre les dangers de ses ennemis. » La proclamation faisait l'éloge des cinq conventionnels arrêtés sur l'ordre des « scélérats » qui opprimaient la Convention. Ces « scélérats, » dont la liste devait plus tard s'accroître, étaient Amar, Dubarran, Collot d'Herbois, Bourdon (de l'Oise) et Barère; chaque nom était accompagné d'une flétrissure. Une phrase trahissait le style de Payan : « On poursuit Robespierre, qui fit déclarer le principe consolant de l'existence de l'Être Suprême et de l'immortalité de l'âme. » Il y avait mieux à dire, et si l'on avait pu amener, en prairial, le peuple de Paris à une *fête* en l'honneur de ces idées religieuses, il y avait peu de chances de mettre à leur service les canons des sections et la vie des sectionnaires. Tous les ordres émanés de la Convention furent révoqués et toutes les autorités constituées des quarante-huit sections furent invitées à « venir sur-le-champ prêter serment de fidélité au peuple. » Les barrières devaient être fermées, le tocsin sonné, et de nombreuses arrestations étaient prononcées.

De son côté, la Convention n'avait pas perdu de temps. Elle avait levé sa séance à cinq heures, en laissant aux Comités les mesures d'exécution. Ceux-ci, réunis au siège du Comité de Salut public, avaient fait venir les commandants des postes, défendu aux sections de fournir les hommes que Hanriot leur avait demandés et ordonné aux citoyens de le traduire « mort ou vif » devant le Comité. Toute une série d'arrêtés avaient pour objet, soit de « désorganiser toutes les machinations et les rassemblements de force publique préparés par les conjurés, » soit « d'assurer la défense de la représentation nationale et la tranquillité de Paris. » Il était interdit de fermer les barrières, de convoquer les sections, de sonner le tocsin. Les comités de surveillance des sections devaient demeurer à leur poste et rendre compte « d'heure en heure » de tous les événements, tandis que les commandants de la force armée étaient requis d'envoyer, « de demi-heure en demi-heure, » au commandant du poste de la Convention des rapports sur la situation de chaque section. Parmi les arrestations décidées, celle de Fleuriot-Lescot devait être exécutée sur-le-champ au Luxembourg.

Ainsi, de part et d'autre, on signait des arrêtés, on donnait des ordres, on édictait des interdictions, on faisait des proclamations, on décidait des arrestations. Ces mesures, qui se contrariaient et qui opposaient l'une à l'autre la Convention et la Commune, ne pouvaient manquer de rendre les sections, habituées à un même mot d'ordre,

LE NEUF THERMIDOR

hésitantes sur leur devoir et sur leur attitude. Rien n'est plus curieux en ce sens que la pièce envoyée aux « citoyens magistrats » de la Commune par les citoyens du « faux-bourg Antoine, » (section des Quinze-Vingts), les uns membres du comité révolutionnaire, de la Commission populaire du comité civil ou du commissariat de police, les autres commandants militaires. « Les citoyens n'ont pas encore perdu cette énergie qui caractérise les républicains, mais, dans les circonstances actuelles sous un gouvernement révolutionnaire, ils ont besoin que l'on dirige leurs actions, afin de ne pas tomber dans les pièges que les ennemis de la chose publique ne cessent de tendre.

« Sous les armes dans ce moment, en attendant la connaissance des motifs qui ont donné lieu au rassemblement général de leurs concitoyens, fermes dans leurs principes révolutionnaires, ils protestent ne connaître personne que la République, une et indivisible. »

La République, divisée, n'était plus une. Son sort, entre les deux grands partis qui se la disputaient, était devenu une question de force. Qui serait le plus fort ? Quand la Commune apprit par Lubin, substitut de l'agent national, l'arrestation des cinq députés, elle décida d' « aviser aux mesures les plus promptes afin de retirer sur-le-champ les amis du peuple de la captivité. » Cette décision précisait le conflit : préparée et exécutée avec soin, tandis que la Commune avait encore des forces supérieures, elle aurait précipité le dénoue-

ment en sa faveur. Mais Hanriot s'y prit mal.
Merlin (de Thionville) le rencontra près du Palais-
Royal, à cheval, « à la tête de quarante forcenés,
le sabre à la main, » poursuivant une « marche
furieuse, » et portant sur son passage « le trouble et
la terreur. » Il pénétra, avec ses aides de camp,
dans la salle du Comité de Sûreté générale où Robespierre et ses collègues avaient été enfermés. Il
avait forcé les portes et les consignes. Robespierre
lui conseilla-t-il de ne pas user de violence, ajoutant
« Laissez-moi aller au tribunal : je saurai bien
me défendre »? La chose est possible, plausible
même, et elle s'accorde avec le plan que son attitude ultérieure permet de lui supposer. Mais Hanriot, se croyant le maître de ramener ses amis à la
Commune, était dans un état d'exaltation qui le
rendait incapable d'entendre ou de suivre un raison-
nement. Il persista dans sa résolution. Mal lui en
prit. Des grenadiers et des gendarmes se jetèrent
sur lui et lui attachèrent les pieds et les mains,
ainsi qu'à ses aides de camp. Il était prisonnier.

Après avoir dîné dans le cabinet d'un secrétaire,
les cinq furent conduits dans des maisons de déten-
tion séparées. La Commune avait notifié aux
« citoyens concierges » des maisons d'arrêt de ne
recevoir aucun détenu ni de ne donner aucune
liberté que par les ordres de l'administration de
police. Robespierre était destiné au Luxembourg,
mais, sur l'intervention d'un officier municipal,
l'escorte le conduisit à la mairie, où il fut reçu
vers neuf heures, le jour étant encore clair, par des

acclamations. Robespierre jeune, refusé à Saint-Lazare, où il n'y avait plus de place, fut écroué à la Force; Saint-Just, aux Écossais; Lebas fut mis au secret, à la maison de justice du département, tandis que Couthon était installé sur un lit dans le greffe de La Bourbe.

La délivrance des prisonniers, ordonnée par la Commune, se fit en plusieurs temps. Robespierre jeune fut libéré le premier et conduit à l'Hôtel de Ville, où il prononça un discours, vivement applaudi, dans lequel il déclara « avoir été arrêté, non par la Convention nationale, mais par des lâches qui conspiraient depuis cinq mois. » Il était habile de séparer la Convention des « factieux » qui avaient surpris et entraîné ses décisions. Robespierre jeune nomma ces « factieux. » Son succès fut d'autant plus grand que la Commune venait d'apprendre la délivrance d'Hanriot. C'est Coffinhal qui avait conduit fort aisément l'opération. Il ne trouva personne dans les salles, et il dégarrotta Hanriot, dont les gardiens ne firent aucune résistance. Affranchis par Coffinhal, Hanriot et toute sa suite montèrent à cheval, « se disposant, dit un témoin, à sortir triomphants. » Leur sortie fut, en effet, un triomphe. Il n'aurait dépendu que du sang-froid d'Hanriot d'en faire une victoire. Il était le maître. Une compagnie de canonniers s'était emparée de la garde des portes de l'intérieur; d'autres avaient tourné leurs pièces vers la grand'-porte d'entrée et cernaient tous les passages, tandis que des gendarmes à cheval, du parti d'Hanriot, occupaient la cour. La Convention siégeait depuis sept heures. Elle avait passé son temps à entendre des déclamations, des dénonciations, des récits de représentants qui cherchaient à se tailler un rôle personnel dans l'immensité des événements. Billaud-Varenne provoqua brusquement une grande émotion en annonçant que les canonniers du « scélérat » Hanriot avaient voulu diriger leurs canons contre la Convention. Il annonça — inexactement — que la force armée s'y était opposée. A vrai dire, il n'y avait plus de force armée. Billaud soulignait d'ailleurs la nécessité « instante » de la reconstituer. « Il faut savoir prendre des mesures rigoureuses, disait-il, il faut savoir mourir à son poste. » Au milieu des applaudissements du public, les représentants s'écriaient : *Oui, oui. Nous le saurons tous*; et Collot d'Herbois, qui montait au fauteuil, redisait avec une solennité tragique : « Citoyens, voici le moment de mourir à notre poste; des scélérats, des hommes armés ont investi le Comité de Sûreté générale et s'en sont emparés. » *Allons-y!* répondirent, en sortant, les citoyens qui remplissaient une partie de la salle et les tribunes. Mais les « scélérats » étaient partis. Hanriot avait été saisi par un ordre du Comité d'exécution, installé à la Commune « pour le salut de la République, » qui lui enjoignait de se rendre à l'Hôtel de Ville. Le pauvre homme, sans comprendre que cet ordre avait été donné en vue d'autres circonstances, laissa échapper l'occasion qui s'offrait à lui. Ivre ou incapable, il abandonna une partie gagnée d'avance. S'il avait tourné ses canons et ses gendarmes contre la Convention, la prédiction de Billaud-Varenne et de Collot d'Herbois se serait réalisée : désarmés et impuissants, il ne restait plus aux conjurés qu'à mourir. Ce fut la stupidité du « général » qui les sauva. Elle valut à celui-ci d'être reçu au Conseil de la Commune « au milieu des applaudissements redoublés. » Coffinhal prononça un discours où il se félicita d'avoir « délivré les patriotes, » et il en fut félicité. Il y aurait eu, pour des hommes d'action, autre chose à faire !

Pendant que Robespierre jeune et le général Hanriot, si promptement délivrés, siégeaient à la Commune, que faisaient les autres prisonniers ? Maximilien, soit qu'il eût été refusé, selon les ordres du département de la police, par le concierge de la prison du Luxembourg, soit qu'un officier municipal eût fait honte à l'escorte d'avoir arrêté « l'ami du peuple, » était toujours quai des Orfèvres, au milieu des administrateurs de police. Avait-il demandé à être incarcéré pour se justifier devant le tribunal ? C'est très possible. Tout ce que l'on sait avec quelque certitude de son attitude permet de croire que désireux d'être jugé, il voulait ouvrir devant le Tribunal révolutionnaire le débat que la violence de ses adversaires lui avait interdit pendant la longue et terrible séance de la Convention. Il se rappelait l'histoire de Marat et son acquittement triomphal. Pourquoi n'aurait-il pas le même sort et ne rentrerait-il pas en vainqueur dans l'Assemblée qui, sans l'entendre, l'avait brutalement chassé de son sein? Pourtant, il ne se dérobait pas devant l'action. Il y a tel billet, signé par quatre administrateurs de police, qui en dit long. Ils demandaient à l'agent national de la Commune de faire fermer les barrières, de mettre les scellés sur toutes les presses et d'arrêter les journalistes, ainsi que les *députés-traîtres : c'est l'avis de Robespierre et le nôtre*. Mais, s'il donnait cet avis, qui d'ailleurs ne fut pas suivi en temps utile, Robespierre ne songeait pas encore à prendre la tête d'un mouvement insurrectionnel et il ne voulait pas aller à la Commune. Celle-ci mit tout en œuvre pour vaincre sa résistance. Deux phrases du procès-verbal de sa séance sont particulièrement significatives. « Le citoyen maire demande qu'une députation soit chargée d'aller chercher Robespierre aîné et de lui observer qu'il ne s'appartient pas, mais qu'il doit être tout entier à la patrie, au peuple. » Donc Robespierre voulait *s'appartenir*, se faire juger, se faire absoudre, rester le maître de son action. Il refusa de se rendre à la Commune. « Le citoyen Lasnier, dit le procès-verbal, qui a été député vers le citoyen Robespierre, qui a chargé Coffinhal de..., annonce que Coffinhal est chargé *de confirmer au conseil qu'on le laisse entre les mains de l'administration*. »

Malgré sa forme incomplète, cette mention dit avec clarté que Robespierre restait, par un acte de sa volonté réfléchie, au n lieu des administrateurs de police. Mais il arrivait de la Convention, qui s'était ressaisie, des bruits alarmants. Le

LE NEUF THERMIDOR

citoyen Chappin vint annoncer à la Commune qu'elle devait être entourée par ordre du Comité de Sûreté générale et que ses membres devaient être mis hors la loi pour avoir accueilli Robespierre et le général Hanriot. Au fait, Robespierre ne siégeait pas encore à la Commune. Il fut invité à y venir par un billet que Payan, Lescot-Fleuriot et son substitut avaient signé : « Le Comité d'exécution nommé par le Conseil a besoin de tes conseils. Viens-y sur-le-champ. » L'appel était trop urgent pour que Robespierre ne s'y soumît pas. Lebas et Saint-Just avaient été libérés. Mais Couthon, dont l'attitude était inspirée par les mêmes raisons et par les mêmes espérances que celle de Robespierre, refusait sa délivrance. Pour le déterminer à sortir de la prison de La Bourbe, les instances de deux administrateurs de police n'avaient pas suffi. Il fallut, pour l'y décider, un appel des deux Robespierre et de Saint-Just. « Couthon, tous les patriotes sont proscrits, le peuple tout entier est levé; ce serait le trahir que de ne pas te rendre avec nous à la Commune, où nous sommes actuellement. » Le procès-verbal mentionne ainsi son arrivée : « Robespierre, Couthon, Saint-Just, Lebas, se présentent au Conseil général. Ils y furent reçus par les plus vifs applaudissements. » Mais cette mention ne vise, selon moi, que l'entrée collective, et un peu solennelle, vers une heure du matin, dans la grande salle du Conseil, car je crois, avec M. Albert Mathiez, dont l'étude est très pénétrante (*Autour*

LE NEUF THERMIDOR

de Robespierre, 195-242), que Robespierre était venu siéger au Comité d'exécution, dans la petite salle dite de l'Égalité, entre dix heures et demie et onze heures. Malheureusement, quand il s'agit de fixer l'emploi des heures au cours de la nuit du 9 au 10 thermidor, presque tout est hypothèse, et il est impossible de dire d'une manière exacte à quel moment se sont produits les événements de la plus haute importance. A défaut des précisions que les procès-verbaux refusent, aussi bien ceux de la Convention que ceux de la Commune, il faut s'en tenir à une logique approximative et ne prétendre à aucune certitude. Il y a des épisodes de ces journées tragiques dont l'histoire sera toujours impuissante à étreindre la réalité.

Entre la Convention et la Commune les émissaires, les courriers et les espions couraient et se pressaient dans une hâte fébrile. Aucun plan, muni de ses moyens d'exécution, n'existait d'aucun côté. Comme chacun des deux partis guettait l'autre pour mettre à profit ses imprudences, il y avait un souci réciproque de ne pas se découvrir et de se réserver, selon les circonstances, l'emploi des forces et des moyens que l'occasion offrirait. Aussi les deux assemblées hostiles, entre lesquelles se livrait la bataille, ne prenaient-elles ni repos ni répit. Elles appelaient à elles toutes leurs ressources. Les Jacobins se prononçaient dans leur ensemble pour la Commune, mais les sections, au milieu desquelles couraient les bruits les plus contradictoires et les fausses nouvelles,

LE NEUF THERMIDOR

hésitaient et se divisaient. Partout la lutte était ouverte. D'un côté, la Convention mettait hors la loi successivement les officiers municipaux qui avaient traité Robespierre « en frère, » Hanriot qui s'était insurgé contre ses décisions, et, sur le rapport de Barère, « tous les fonctionnaires publics qui donneraient des ordres pour faire avancer la force armée (contre elle) ou pour l'inexécution des décrets qu'elle avait rendus, » — et « les individus qui, frappés d'arrestation ou d'accusation, n'auraient pas déféré à la loi, ou qui s'y seraient soustraits. » Ce texte était suffisant pour atteindre Robespierre et ses collègues. Mais Vouland, de peur qu'une équivoque n'entraînât une hésitation, demanda que Robespierre « et tous les autres » fussent mis hors la loi.

De son côté la « Commune révolutionnaire » décrétait d'arrestation, « pour délivrer la Convention de l'oppression où ils la retiennent, » Collot d'Herbois, Amar, Léonard Bourdon, Dubarran, Fréron, Tallien, Paris, Carnot, Dubois-Crancey (*sic*), Vadier, Javogue, Fouchet (*sic*), Granet et Moyse Bayle » et elle promettait « une couronne civique aux généreux citoyens qui arrêteront ces ennemis du peuple. » Barère figurait dans une première liste, que Payan avait dressée, mais Billaud-Varenne, qui pourtant dirigeait de la tribune une action continue contre la Commune, n'était ni de l'une ni de l'autre. Au nom du salut du peuple, la Commune ordonnait à tous ses membres de « ne reconnaître d'autres autorités qu'elle et d'arrêter tous ceux qui abusent de la qualité de représentant du peuple, font des proclamations perfides et mettent hors la loi ses défenseurs. »

Ainsi les deux pouvoirs rivaux prenaient, l'un contre l'autre, des mesures du même ordre, à la Convention sous l'action des Comités, à la Commune sous l'influence de plus en plus grandissante des Jacobins. Mais Barère avait dit le vrai mot de la situation : « Les sections s'assemblent : c'est à elles que nous devons nous adresser. » C'est d'elles, en effet, que dépendait l'issue, assez incertaine, de la lutte. Pour les gagner et pour rallier à la représentation nationale celles qui avaient été « égarées par les intrigues communales, » la Convention avait usé, en mettant les insurgés *hors la loi*, d'un moyen dont l'autorité manquait rarement son effet. Ces trois mots dispensaient de toute procédure et la seule constatation de l'identité équivalait à une condamnation à mort. Ils furent, à la lueur des torches, proclamés dans les rues et dans les assemblées sectionnaires.

Leur action devait être d'autant plus décisive que, sur la proposition de Vouland, le véritable organisateur de la résistance, Barras fut donné pour chef à la garde nationale. « Il faut un homme à vous, avait dit Vouland, et pour cela il faut le prendre dans votre sein. Les deux Comités vous proposent le citoyen Barras, qui aura le courage d'accepter. » Barras, auquel le courage ne faisait pas défaut, avait d'abord hésité. Témoin des événements, il n'était pas entraîné par une préférence marquée pour un parti plutôt que pour l'autre et il ne voyait pas une grande différence, « au profit de l'humanité, » entre Billaud-Varenne et Robespierre. Des « pensées tumultueuses » s'agitaient dans son esprit. Mais sa vanité lui montra le chemin de son devoir. Deux fois la Convention s'était levée en masse pour lui témoigner, à l'unanimité, « la plus généreuse confiance. » Il accepta. C'était un autre homme que Hanriot. Il avait du coup d'œil et de la décision. Il vit tout de suite ce que la situation exigeait. Il donna l'ordre de se réunir au Carrousel aux troupes qui étaient dans Paris ou hors des barrières, à Meudon et à Saint-Germain. Il assigna, sans perdre de temps, à chaque général et à chaque chef de corps les forces qu'il plaçait sous leur commandement. Les avenues des Tuileries et les ponts furent gardés. Les Comités, et surtout Billaud-Varenne, le pressaient de marcher sur l'Hôtel de Ville. Il pensa avec raison qu'il fallait tout d'abord attendre l'effet des lois rendues et éclairer sur la situation et sur leurs devoirs les patriotes égarés par des chefs « dont quelques-uns agissaient pour le compte de l'étranger. » Ce moyen lui réussit.

Quand il était sorti, le décret à la main, il avait crié aux canonniers d'Hanriot : « Retirez-vous, misérables; Hanriot est hors la loi! » Des militaires et des citoyens qui le suivaient poussèrent le même cri, en engageant les canonniers à obéir au général en chef désigné par la Convention. « A cette annonce la peur saisit les insurgés et leur vil commandant : tous se sauvèrent pêle-mêle à la Commune. » Cette désertion gagna les troupes stationnées place de Grève. A dix heures la Commune disposait de forces considérables : trois heures après, elle était presque abandonnée. Les gardes nationaux et les canonniers, fatigués par une longue attente, et l'estomac vide, s'étaient peu à peu retirés. Hanriot perdait ce qui lui restait de tête. Il n'y avait plus l'élan sauvage du 31 mai. Les troupes insurrectionnelles ne se sentaient pas commandées et, travaillées par les émissaires de la Convention, elles ne savaient plus ce qu'elles étaient venues faire. La « puissance mystérieuse » du *hors la loi* et les conséquences de la terrible formule les détachaient une à une d'une cause dont le but leur échappait. A minuit, la pluie tomba avec violence et vida la place. Barras fit une entrée triomphale dans la Convention, à laquelle il déclara que « partout le peuple était à la hauteur de la liberté. » Il se concerta avec le Comité de Salut public. L'heure de l'action suprême était venue. Il fallait vaincre. Fréron annonça que des représentants allaient partir pour sommer les rebelles de la Maison Commune de livrer les « traîtres » qui s'y étaient réfugiés : « S'ils refusent, nous réduirons en poudre cet édifice. » Tallien, à peine installé au fauteuil, invita ses collègues à ne pas perdre de temps, « afin que le soleil ne se lève pas avant que la tête des conspirateurs ne soit tombée. » « Il faut qu'elles tombent avant une heure, » dit Billaud-Varenne, toujours sombre et il ajouta, reprenant son image favorite : « Quand on est sur un volcan, il faut agir. »

Pendant ce temps, le Comité d'exécution de la Commune arrêtait de trop tardives mesures. A une heure du matin, on y discutait les termes d'une adresse aux armées. Au nom de qui? demandait Robespierre, assis à côté du maire. Couthon, toujours flanqué de son gendarme, penchait pour la Convention : « N'est-elle pas toujours où nous sommes? Le reste n'est qu'une poignée de factieux que la force armée que nous avons va dissiper et dont elle fera justice. » Robespierre, après avoir réfléchi, se pencha vers son frère, voisin de Payan, causa confidentiellement avec lui et dit : « Mon avis est qu'on écrive au nom du peuple français. » Puis il prit la main du gendarme entré avec Couthon, l'assura de la sympathie qu'il n'avait cessé d'avoir pour ce corps et ajouta : « Soyez-nous toujours fidèles; allez sur la porte et faites en sorte de continuer à aigrir le peuple contre les factieux. » Mais déjà le peuple n'était plus sur la place et l'on pouvait entendre les pas des « factieux » qui, au nom de la Convention, allaient envahir l'Hôtel de Ville[1].

---

[1]. Convaincu par le rapprochement, à mon sens décisif, qu'a fait M. Albert Mathiez (*loc. cit.*), entre une célèbre pièce historique, « éclaboussée de sang » et des documents trouvés aux Archives, j'écarte le récit classique qui représente Robespierre assassiné au moment où il signait un appel à la Section des Piques. Les signatures de Louvet, de Payan, de Lerebourg et de Legrand y sont suivies des lettres RO.Cette syllabe reste mystérieuse, mais il me paraît probable que l'appel fut écrit, non dans les derniers moments désespérés de la

LE NEUF THERMIDOR

C'est Léonard Bourdon, l'un des plus acharnés et aussi l'un des plus courageux parmi les ennemis de Robespierre, qui conduisit l'assaut des troupes conventionnelles. Il dirigeait l'une des deux colonnes dont Barras, qui les avait formées, conduisait l'autre. La place était déserte. Quelques instants avant, Hanriot, tête nue et le sabre à la main, accompagné de quatre aides de camp et de trois municipaux, y était venu et il s'était étonné de la trouver vide. « Comment est-il possible, s'écria-t-il, que les scélérats de canonniers qui m'ont sauvé la vie il y a cinq heures, m'abandonnent ainsi actuellement? » Il oubliait que, mis *hors la loi*, il ne devait plus compter sur des fidélités devenues périlleuses. Abandonné par ses canonniers, il fut trahi par Ulrick, l'un de ses aides de camp, qui livra le mot d'ordre. Cette trahison rendait plus aisée la tâche de Bourdon. Il put franchir tous les postes sans trouver la moindre résistance ni même la moindre difficulté. Son arrivée précipita le drame. Robespierre aîné avait reçu « un coup de pistolet qui lui prenait à environ un pouce et demi sous la lèvre inférieure et lui sortait sous la pommette de la joue gauche. »

conjuration, mais à l'arrivée des représentants libérés, et *il est établi par des preuves écrites* qu'il parvint dans la nuit du 9 au 10 thermidor à la section. Je sens tout ce que la légende et la littérature perdent à cette rectification. Est-ce une raison pour leur sacrifier la vérité historique? Il y a beaucoup d'histoires de la Révolution, mais l'histoire de la Révolution reste à faire. Il faudra un long temps avant que les archives, impartialement et méthodiquement fouillées, aient livré tous leurs secrets.

LE NEUF THERMIDOR

Avait-il été assassiné par le gendarme Merda, qui s'en fit un honneur dont profita sa carrière, ou avait-il tenté de se suicider? Les témoignages sont tellement contradictoires que la question est insoluble : elle divise jusqu'aux partisans mêmes de Robespierre, dont les uns repoussent le suicide comme ne s'accordant pas avec le caractère de leur héros, et dont les autres y voient « un beau geste » inspiré par les souvenirs du *Conciones*. Il y a des raisons sérieuses pour l'une et pour l'autre thèse, mais aucune ne peut se réclamer d'une preuve qui l'impose.

Au contraire, et sous réserve de quelques détails, l'histoire est fixée sur le sort des autres. Plus heureux que Robespierre, Lebas se fit, du premier coup, sauter la cervelle. Saint-Just, toujours impassible, se laissa emmener sans résistance. Couthon, tombé ou jeté dans un des escaliers de l'Hôtel de Ville, s'était grièvement blessé à la tête. Fréron racontait — mais faut-il croire Fréron? — que, gisant sur le parapet du quai Pelletier, le paralytique se vit accablé d'outrages, même de coups de pied, et que des hommes du peuple allaient jeter cette « voirie » à la rivière quand, « avec un ton jésuitique, » il dit : « Citoyens, un instant : je ne suis pas encore mort. » Robespierre jeune, profondément ému par l'état de son frère, saignant à ses côtés, invoqua « ses mânes » et supplia « qu'on le rejoignît à lui. » A ce moment, des canons braqués contre l'Hôtel de Ville et la proclamation sur la place du décret d'arrestation ne lui laissèrent plus d'espoir de « se retirer des mains des conspirateurs. » On le vit, tenant ses souliers à la main, passer par une fenêtre de la Commune, se promener pendant quelques minutes sur le cordon, puis s'élancer, la tête la première : il se fit de nombreuses et graves contusions. Transporté au Comité civil de la section, et interrogé à grand peine, il répondit que, conduit à la Force, il y avait attendu la mort avec la sécurité d'un homme libre et pur comme son frère, et qu' « on lui avait rendu un bien mauvais service » en l'en faisant sortir. Hanriot fut découvert plus tard « dans un des endroits » de la Commune. Coffinhal réussit à se cacher pendant trois jours.

Maximilien Robespierre fut ramené sur un brancard à la Convention. Sa faiblesse était extrême. On put craindre, pendant le parcours, qu'il ne cessât de vivre. A l'arrivée, l'affluence des curieux était si nombreuse que le cortège dut s'arrêter. Une pluie d'insultes et de sarcasmes s'abattit sur le vaincu, tout couvert de sang. Ceux qui avaient eu peur se vengeaient. Charlier, qui occupait le fauteuil, s'écria : « Le lâche Robespierre est là. Vous ne voulez pas qu'il entre? » On cria : *Non! non!* de toutes parts. Thuriot fut cruel. Il se fit applaudir en disant : « La place d'un tyran ne peut porter que la peste; la place qui est marquée pour lui et ses complices, c'est la place de la Révolution. Il faut que les deux Comités prennent les mesures nécessaires pour que le glaive de la loi les frappe sans délai. »

LE NEUF THERMIDOR

A cinq heures, Vergez fils et Marrigues, l'un officier de santé, l'autre chirurgien-major des grenadiers, ayant été requis par le Comité de Sûreté générale, pansèrent le *monstre* — c'est l'expression de leur rapport. — « Tranquille en apparence, » il ne cessa pas de les fixer pendant toute l'opération, qui fut très douloureuse, sans proférer un mot. Chargés du soin de cet « être proscrit à si juste titre, » ils l'accompagnèrent jusqu'à la Conciergerie, où un ordre de Billaud-Varenne, de Barère et de Collot d'Herbois l'envoya en même temps que Couthon. Saint-Just vint les y rejoindre. On raconte qu'ayant vu un grand tableau des Droits de l'Homme placé dans la salle du Comité, il avait dit, en le montrant : « C'est pourtant moi qui ai fait cela. » Robespierre avait supporté le trajet sans se plaindre, Couthon était dans un état si lamentable que Barras fut sur le point de le faire transporter dans un hôpital, mais, dit-il, « la circonstance ne permettait pas à l'humanité même la plus sincère des soins aussi minutieux. Quels sont ceux que pouvaient réclamer des individus qui appartiennent déjà à la mort et vont lui être livrés dans un moment? »

****

Il était onze heures du matin. La Convention siégeait. Après avoir donné « l'accolade fraternelle » au gendarme Merda, « qui avait tué deux conspirateurs, » et que Léonard Bourdon avait triomphalement conduit jusqu'à la tribune, Charlier avait suspendu la séance, à six heures du matin. Elle fut reprise à neuf heures. Les lâchetés défilèrent. Le département de Paris envoya une députation pour féliciter la Convention d' « avoir sauvé la patrie. » Le Tribunal révolutionnaire, admis après lui à la barre, y apporta aussi ses félicitations. Délivré de « quelques traîtres qui s'étaient glissés dans son sein, et qui subiront bientôt la peine due à leurs forfaits, » il affirmait son dévouement à la représentation nationale. Pour remplir « ses devoirs, » il venait prendre les ordres de la Convention afin de juger « les conspirateurs. » Fouquier-Tinville, l'accusateur public, avait un scrupule juridique. La mise hors la loi n'exigeait que la constatation de l'identité des personnes, mais cette constatation devait être faite en présence de deux officiers municipaux de la commune des prévenus. Or parmi les « grands coupables » déférés au tribunal, se trouvaient des officiers municipaux. Qui constaterait leur identité? C'était une difficulté, et Fouquier-Tinville demandait à la Convention de la lever. On discuta : des commissaires furent délégués, dont la présence devait suffire à apaiser la conscience de l'accusateur public.

Thuriot, auquel cet incident imprévu avait fait perdre patience, et qui trouvait « tout délai préjudiciable à la République, » demanda que l'échafaud fût dressé sur-le-champ. On lui avait déjà accordé que les exécutions, transférées depuis quelque temps à la barrière du Trône, fussent, cette fois, opérées place de la Révolution. Vers cinq heures du soir, les premières charrettes thermidoriennes transportèrent vingt-deux accusés à l'échafaud : les deux Robespierre, Couthon, Saint-Just, Hanriot, Payan, Fleuriot-Lescot, Dumas, des officiers municipaux, des membres du Conseil général de la Commune. C'était Barras qui avait donné les ordres pour assurer la marche du tragique convoi. Accueillies sur tout le parcours par des acclamations de délivrance, saluées des fenêtres par la joie de femmes richement parées, entourées d'une foule hurlante qui ralentissait leur marche, les charrettes étaient conduites par des gendarmes dont les sabres désignaient les plus célèbres des « tyrans. » Ceux-ci restaient impassibles. Des historiens racontent que, devant la maison du menuisier Duplay, un enfant aposté jeta contre elle, avec un balai, du sang de bœuf, et que des femmes dansèrent une ronde autour des charrettes. Robespierre tressaillit. Cette maison avait été pendant quatre ans le refuge de sa pensée et de son cœur. Il en avait fait fermer les volets quand « passèrent » Louis XVI, et plus tard Danton et Camille. Maintenant, il « passait » à son tour, la mâchoire fracassée, son frère affreusement mutilé à ses côtés, et réalisant la terrible imprécation de Danton : « Tu nous suivras! » Défiguré, livide, ensanglanté, il monta le dernier à l'échafaud. Une foule accourue de toutes parts remplissait la grande place. Quand il parut sur la plate-forme, elle l'accueillit par un immense murmure. Le bourreau, maladroit ou brutal, lui enleva d'une main violente l'appareil qui couvrait ses blessures. Alors la douleur, plus forte que sa volonté, lui arracha un cri perçant.

Après que tout fut fini, et les corps enfouis au cimetière de la Madeleine, Barras reçut ceux qu'il avait chargés de ses ordres. « Greffier, huissiers, gendarmes et Fouquier-Tinville, encore à leur tête, étaient arrivés au Comité de Salut public, et tous, parlant presque à la fois, avec un empressement disputé, ils me rendaient compte de l'exécution comme d'un triomphe accompli. » La Convention, réunie dans une séance du soir, et vers laquelle affluaient les adresses de félicitations, prit sa part de ce triomphe. Tallien lui annonça que les têtes des « conspirateurs » étaient tombées. « Allons, dit-il, nous joindre à nos concitoyens; allons partager l'allégresse commune; le jour de la mort d'un tyran est une fête à la fraternité. » La séance fut levée jusqu'au lendemain « au milieu des applaudissements et des cris de joie. » Le lendemain, Fouquier-Tinville et le Tribunal révolutionnaire se mirent à la besogne avec un zèle que la Terreur robespierriste n'avait pas connu au cours d'une même journée : le 11 thermidor, les bourreaux coupèrent soixante-dix têtes. Douze, le 12 thermidor. Le 28, le Tribunal envoya à l'échafaud Pierre-André Coffinhal, « ex-médecin, ex-homme de loi, ex-vice-président du tribunal révolutionnaire, ex-membre du Conseil général de la Commune de Paris. » Ainsi le Neuf Thermidor coûta la vie à cent cinq de ces « nouveaux tyrans » dont Barère affirmait dans son rapport qu'ils avaient eu « l'étrange présomption d'arrêter le cours majestueux, terrible de la Révolution française. »

****

Cette journée ouvrait une ère nouvelle. Quoi qu'on pense des intentions de Robespierre et de la politique qu'il aurait suivie s'il avait triomphé, un fait est indéniable : son exécution fut saluée, applaudie, acclamée comme une délivrance, et du jour au lendemain la vie politique et sociale du pays se transforma. Peu de temps après l'événement, « un enfant, âgé de dix ans, fut mené par ses parents au théâtre, et à la sortie admira la longue file de voitures brillantes qui, pour la première fois, frappaient ses yeux. Des gens en veste, chapeau bas, disaient aux spectateurs sortants : Faut-il une voiture, *mon maître?* L'enfant ne comprit pas trop ces termes nouveaux. Il se les fit expliquer, et on lui dit seulement qu'il y avait eu un grand changement par la mort de Robespierre. » (Michelet).

C'était plus qu'un changement : c'était une révolution dans la Révolution. La Terreur était finie. Cette fin n'entrait pas dans les projets de tous les conjurés, mais la volonté populaire, libérée de l'oppression que le triumvirat, les Jacobins et la

Commune exerçaient sur elle, se prononça avec une telle force unanime qu'il fut impossible de ne pas lui obéir. Il y eut tout d'abord, dans les Comités, des hésitations. La nécessité d'abattre Robespierre pour devancer ses propres coups avait uni dans une action concertée des hommes qui n'avaient de commun que leur peur ou que leur haine. Entre les thermidoriens de gauche et les thermidoriens de droite les dissentiments étaient profonds. Leur peau sauvée, ils étaient condamnés à se séparer et, pis encore, à se combattre. C'est par là que le Neuf Thermidor ne ressemble à aucun des coups d'État qui, du 10 août au 18 brumaire, s'inscrivirent dans les annales de la Révolution. Son plan d'action, d'ailleurs instable et fragile, qui avait pour but de détruire le triumvirat dont Robespierre était la tête, ne prévoyait et ne réglait rien pour le lendemain. Si Robespierre avait été vainqueur, il aurait su tout de suite, étant devenu le maître absolu, où frapper et comment agir. Ses vainqueurs divisés sur tout, sauf contre lui, devaient, leur coup fait, accentuer leurs divisions et se déchirer avec âpreté. La mort du dictateur avait marqué à la fois le succès et la fin de leur coalition. Aucun accord durable, aucune action commune, aucun gouvernement ne pouvait les réunir. Entre eux, que tout séparait, c'était, à leur tour et à échéance immédiate, une question de force. La force de la réaction thermidorienne fut moins dans les agitations insolentes de la Jeunesse dorée réunie autour de Fréron que dans les bataillons groupés autour de

LE NEUF THERMIDOR

Pichegru. C'est Barras qui obtint le commandement de la force armée de Paris pour le con-
quérant de la Hollande. « Peuple, dit-il, ressou-
viens-toi que les colonnes des tyrans coalisés
n'ont jamais tenu devant son armée et crois
qu'une poignée de misérables ne tiendra pas plus
devant lui. » Au cours des mois et des années qui
suivirent, la « poignée de misérables » changea
plusieurs fois de camp, mais Barras, qui avait déjà
su se servir de l'armée dans la nuit du 9 thermidor,
en fit, le 12 germinal (an III) l'arbitre des destinées de la Révolution. Pichegru préparait et
annonçait Bonaparte.

TABLE DES MATIÈRES